中国中央电视台

中央电视台《复兴之路》节目组
人民出版社《复兴之路》编写组

复兴之路

青少版

顾亚奇/编著

中国民主法制出版社

北京·2013

图书在版编目(CIP)数据

复兴之路：青少版/中央电视台《复兴之路》节目组，
人民出版社《复兴之路》编写组组织编写. — 北京：
中国民主法制出版社，2013.5
　ISBN 978-7-5162-0359-0

　Ⅰ. ①复… Ⅱ. ①中… ②人… Ⅲ. ①中国历史 – 近代史 – 青年读物②中国
历史 – 近代史 – 少年读物③中国历史 – 现代史 – 青年读物④中国历史 – 现
代史 – 少年读物Ⅳ. ①K250.9

中国版本图书馆CIP数据核字（2013）第092314号

图书出品人／肖启明
出版统筹／赵卜慧
图书策划／陈晗雨
责任编辑／张　霞

书名／复兴之路·青少版
作者／顾亚奇　编著

出版·发行／中国民主法制出版社
地址／北京市丰台区右安门外玉林里7号（100069）
电话／010-63292534　63057714（发行中心）　63055259（总编室）
传真／010-63292534
Http://www.npcpub.com
E-mail: mzfz@npcpub.com
经销／新华书店
开本／16开　710毫米×1000毫米
印张／10
字数／107千字
版本／2013年5月第1版　　2013年5月第1次印刷
印刷／北京画中画印刷有限公司

书号／ISBN 978-7-5162-0359-0
定价／28.00元
出版声明／版权所有，侵权必究。

前　言

2007 年 11 月，一部由中国电视人用影像梳理中华民族近代历史的六集历史政论片《复兴之路》在央视二套黄金时段首播，2008 年 3 月，央视一套重播，由此引发了人们关于中华民族复兴的思考与探讨。一个关注大国崛起、期盼民族复兴、探求强国富民之路的时代课题引起人们强烈的共鸣。当年与纪录片同名同步推出的《复兴之路》（三卷本）图书出版后，社会影响广泛，2010 年 11 月被中宣部、中组部列为"向全国党员干部推荐第三批学习图书"。

2012 年 11 月 29 日，习近平总书记率中央政治局常委参观《复兴之路》基本陈列，回顾近代以来中国人民为实现民族复兴走过的历史进程，号召全党同志承前启后、继往开来，把我们的党建设好，团结全体中华儿女把我们国家建设好，把我们民族发展好，继续朝着中华民族伟大复兴的目标奋勇前进。由此掀起了回顾中华民族复兴之路的热潮。在随后的第十二届全国人大第一次会议上更是对全国青少年提出殷殷期望：全国广大青少年，要志存高远，增长知识，锤炼意志，让青春在时代进步中焕发出绚丽的光彩！

青少年是祖国的未来和希望，为更好地贯彻、宣传习近平总书记对青少年的教诲，使他们更好地理解"复兴之路"的内在含义，中国民主法制出版社隆重策划并推出《复兴之路·青少版》。

《复兴之路·青少版》是在以中央电视台纪录片《复兴之路》为蓝本创作的三卷本《复兴之路》的基础上，由原剧主创、原书主笔针对青少年读者阅读特点和读物的篇幅要求进行改编。在保留原书内容的同时增加了 2008 年至 2012 年这 5 年间党和国家发生的重大事件，以章节形式，讲述从 1840 年到 2012 年，中国在民族复兴道路上进行的艰难探索和勇敢实践。

《复兴之路·青少版》引领青少年深刻认识中华民族近代以来的奋斗史，坚定跟党走中国特色社会主义道路的理想信念，增强为实现中华民族伟大复兴贡献力量的历史使命感和奋斗精神，使他们在追求知识的道路上培养阅读乐趣，让中华民族伟大复兴的梦想照进现实！

民族复兴，我们共同的"中国梦"。从这里，我们汲取着实现梦想的力量。

目　录

第一章
千年局变

（1840 ～ 1911）

一、鸦片战争

4000 多年前，在黄河流域，一个叫做夏的国家诞生了。此后，商代夏，周代商。公元前 221 年，秦始皇建立了统一的多民族国家，此后秦汉两代创立了中国 2000 多年封建社会的基本模式：以个体家庭为单位的小农经济，以儒家思想为核心的思想文化体系，以高度中央集权为特征的君主专制，当然，还有发达的农业文明以及沉静平和的精神世界，人们追求伦理道德和内心的安宁，追求人与自然的和谐。这些特质维系了中国封建社会的稳定和延续，但却无法回避周期性的危机。

历代王朝的开国者在一片废墟上学习汲取历史教训，轻徭薄赋、与民休息，往往能造就一段时间的"盛世"。但随着时间推移，政治腐败、土地兼并、人民困苦，社会矛盾日益尖锐，社会发展逐渐陷于停滞。农民为求生存而起义，扫荡旧的统治秩序，在乱世中重新分配土地，直至新的王朝诞生。

历史似乎可以永远按照"周期率"不断演进下去，而无需考虑其他因素。然而，到公元 1500 年前后，情况开始发生变化：1492 年 8 月 3 日，哥伦布从西班牙扬帆西去。从这一天开始，欧洲的冒险家们在利益的驱动下，通过船帆征服了海洋，逐渐联结起了整个世界。

沉寂的大海日益喧闹，却少了中国人的身影。中国明朝水师七下西洋之后再不见踪影，因为仅仅为了宣扬天朝上国的威严而进行的大巡游实在代价高昂。为了不让后人再做航海梦，给国家财政增加负担，珍贵的航海资料被付之一炬，要求民间"片板不许下海"的政策执行了数百年。虽几次开禁，但都昙花一现。

中国的皇帝们始终认为国家的命脉在农业，而不是商业和贸易。对于世界的状况和其他的国家、民族，"天之子"们缺乏了解的兴趣，在他们的脑海中，中国是"中央之国"，富有四海，其他国家不过是仰"中华上国"鼻息的"蛮夷"，有什么必要去了解他们？

18 世纪末，英国工业革命、美国独立战争以及法国大革命，深刻地改变了人类文明的进程，没有哪个国家可以无视这股时代大潮。然而，中国仍沉浸在康乾盛世之中，全然不知此时已身处封建社会末世的落日余晖之中，更不知世界已经天翻地覆，欧洲各国正在全球范围内开展贸易、争夺利益和霸权，中国已经成为他们锁定的目标，3000年未遇之大变局即将到来。

1840 年 4 月 7 日，英国国会一片争吵声，彬彬有礼的英国绅士在用民主的方式讨论一个野蛮的议题：是否对中国开战？辩论进行了 3 天，看起来似乎是由两种植物引起的。

很久以前，中国的茶叶就为西方所青睐，大量的白银因为茶叶的出口而流入中国，中国几千年自给自足的自然经济传统，使之很少需要向西方世界购买什么，正如乾隆皇帝对英国马嘎尔尼使团所说：天朝无所不有。英国无法打开并独占庞大的中国市场，一个封闭的中国绝对不符合"日不落帝国"的利益。

英国的外交官们试图说服中国进行通商贸易，却因为拒绝向中国皇帝叩拜而被赶出中国。英国的走私者们干脆在中国人中制造了一种需求——鸦片，以鸦片的收入补偿进口茶叶的支出。从 1813 年至 1833 年，中国的茶叶出口只翻了一番，但进口的鸦片却是原来的 4 倍，鸦片贸易让英国人掠走三四亿两白银。马克思曾愤怒地谴责："非法的鸦片贸易年年靠摧残人命和败坏道德来填满英国国库。"

湖广总督林则徐上书道光皇帝："若犹泄泄视之，是使数十年后，中原几无可以御敌之兵，且无可以充饷之银。"

1839 年 1 月 8 日，林则徐以钦差大臣的身份南下广东禁烟，他很快认识到禁烟的关键是英国商人。起初，英国商人只不过将这位钦差大臣收缴鸦片的训令视为索贿的暗示，并未放在心上。对此，林则徐下令：中止一切中外交易，封锁商馆，撤退仆役，断绝供应。1839 年 6 月 3 日，在虎门不绝如缕的硝烟中，共 230 余万斤的鸦片被焚毁，占 1838 年到 1839 年运入中国的鸦片总数的 60%。

广州禁烟在英国引起了轩然大波，许多工业城市要求英国政府采取坚决行动来维护贸易权，有人高喊："给中国一顿痛

林则徐（1785 年—1850 年），
福建侯官（今福州）人

打，然后我们再解释。"

在冠冕堂皇之下，难掩英国侵略与殖民的野心。中国的邻邦印度此时已经变成英国掠夺原材料、倾销工业品的殖民地。在英国看来，富饶的中国无疑比印度更有诱惑力，资本主义追逐利益的本性使它不可能放过外强中干的中国，至于手段，并不重要，道德对一个野心勃勃的国家并没有约束力。

最后，战争议案以9票的微弱优势在英国议会投票通过，登上王位才3年的维多利亚女王在文件上签了字。

战争，已不可避免。时局如此险恶，但堂堂天朝无人以此为忧，无人知晓危机已迫在眉睫，与世界的疏离和盲目自大正是清帝国最大的危机。在闭关锁国的几百年中，中国人同时封闭了自己的眼睛和心灵，甚至出现了十分荒唐的认识。

两江总督裕谦认为英国人不能弯曲腰身和双腿，如果他们挨打，便会立即倒下。

与中国对外部世界的茫然无知相比，英国对中国的了解要深刻得多。马嘎尔尼认为："一个民族不进则退，最终它将重新堕落到野蛮和贫困的状态。"而一位英国士兵则非常怀疑到底是不是中国人发明了火药，因为他发现几个中国人见到一门大炮空放时被吓得魂不附体。

挟海风而来的第一柄利刃已高悬头顶，前所未有的大灾难即将来临……

1840年7月5日下午2时30分，英国远征军的19艘战舰向定海守军发动攻击。9分钟之后，守军战船和岸炮失去战斗力。当天夜里，部队溃散。

此后两年，英军多次在广东、福建、浙江、江苏等地发起进攻，烽火在万里海疆处处点燃，呈送战报的马蹄声常常踏碎天子脚下的宁静。最后，屡战屡败的清政府被迫议和。历史学家将这场战争称为鸦片战争，中国近代历史的大幕由此拉开。

清朝拥有 80 万军队，而英国派出的远征军初期只有 7000 人，到战争结束时也不过 2 万人。以武力立国的大清王朝面对坚船利炮无能为力，屡败于远道而来的英军，中国的虚弱一览无余。

当英军充分展示火器的犀利时，清军仍处于冷热兵器混用的时代，整整落后了 200 余年。清军在战争全过程中未能击沉英军一艘战舰，自己的阵地却被打得千疮百孔。

技术的差距只是冰山一角，更大的差距在于社会生产力和社会制度。

英国在 15 世纪和 16 世纪的生产率是 19 世纪中国的 2.8 倍，当英国工业革命的大火勃然而起的时候，中国还没有一家近代工厂，只有家庭手工业，至于与现代化工业相匹配的政治、经济、文化、教育制度更是全无踪影。

当英国人用新的方式管理国家，甚至管理君主的时候，大清帝国的权力依然牢牢掌握在皇帝手中，科举制度选出来的大多数官员奉行"多磕头、少说话"的官场秘诀。官员们想要建功立业，首先要学会的是揣摩上意，只求讨好而不顾事实。

除了这一系列令人沮丧的落后之外，社会各阶层的作为更令人感到痛心：英雄

关天培（1780年—1841年），
江苏山阴（今淮安）人

战死沙场，懦夫苟全性命，汉奸张牙舞爪，官吏谎报军情，民众置身事外。

关天培，一位即使敌人也为之动容的中国军人。他试图靠近敌舰，与敌肉搏，然而在英军猛烈的炮火下，目的没有达到，最终以身殉国。当关天培的家人领走他遗体的时候，英军战舰鸣炮相送。

与关天培形成巨大反差的，则是另一批数量宏大的中国军人，他们不仅让敌人嘲笑，也让国人齿冷。虎门之战中，一些清军将领率先逃跑，愤怒的士兵打响了第一炮，但这一炮不是打向侵略者，而是打向自己的指挥官。

更不可思议的，则是战争中老百姓的表现。在英军攻击广州之时，河道两边的山上，往往聚集着大量的百姓，他们以一种极其冷静的目光注视着英军对本国军队的攻击，"壁上观"的姿态令英军大为诧异。

然而不久之后，同样在广州城郊，三元里的人民自发聚集起来，在大雨中愤然向英军发动进攻，并取得了不逊于清军的战果，其舍生忘死的勇悍同样令英军大感诧异。

1842 年 8 月 29 日，南京江面的水波不改往日激溅，但却有一种苦涩荡漾在空气中，英国人在战舰"康华丽"号上布置了一场盛大的仪

1842年8月29日，中英双方代表在英舰"康华丽"号上签订《南京条约》

式，清朝官员耆英、伊里布在《南京条约》上签下了名字。中国被推入半殖民地半封建社会的深渊。

1841年1月26日，英军占领香港岛，登岸的地方便是现在香港的水坑口街，在英文中，水坑口的街名就是"占有"。此后，中美《望厦条约》、中法《黄埔条约》相继签订，西方各国蜂拥而至。

对中国而言，鸦片战争是一块界碑，铭刻了古老中国在枪炮逼迫下走入近代的屈辱、彷徨和困惑。中华民族开始了漫长的寻找，寻找失去的尊严，寻找在世界的位置，寻找复兴的道路，也寻找着未来……

二、天国迷梦

1841年7月的一天，江苏镇江。两位老朋友相会，本来打算对榻共语，但是他们却没有老友相逢的愉悦与兴奋，有的只是共同的悲愤与无奈，只能相对无言，一夜无眠，正所谓"万感苍茫日，相逢一语无"。

第二天，其中一位遣戍伊犁，他就是林则徐，另一位是魏源。临别之际，他接受了林则徐在广州组织编写的西方国家资料《四洲志》，并开始进一步搜集资料，编著《海国图志》，以唤醒国人，了解世情，挽救危亡。

一年后，《海国图志》成书。该书全方位地

魏源（1794年—1857年），
湖南邵阳人

介绍了世界各国的地理、历史、政治、经济、军事、科技,乃至宗教、文化、教育、风土等各种情况,不少造炮制船这样的近代军事科技资料,也汇聚书中。

这本希望创造奇迹最后却没能发挥应有作用的书,其著述者一句简短的话"师夷长技以制夷",道出了第一代睁眼看世界的中国人对国家前途的思考。在中国传统文化环境中长大的魏源看到了坚船利炮的力量,也隐约看到了近代化国家在制度上的长处。他主张在广州设立造船厂和兵工厂,延聘法国和美国工程师督造,并教授船只的航行和武器的使用。

然而寄寓着救国图强梦想的《海国图志》遭遇了空前的冷遇。当时中国识字者至少有 300 多万,然而却少有人去读这本书,更别说认真领会书中的深刻内涵。魏源没有想到,这本书的知音竟在日本,日后竟启蒙与推动了日本的明治维新。窄窄的海峡,隔开

魏源编著的《海国图志》

了中日两国。双方对于民族危机反应的差距,甚至远比一道海峡宽阔得多。

19 世纪中叶的中国政治气候中还缺乏日本那种向敌手学习的勇气,救国的紧迫性还无法改变传统思维的惯性,1840 年的坚船利炮无法惊醒一个传统过于深厚的天朝迷梦,变革连萌芽都没产生就已结束。

鸦片战争结束时,道光帝已经 60 岁了,他希望耳根清净,讨厌听到不好的消息,当得知英军撤出了长江之后,道光皇帝的第一个反应

就是下令沿海各省撤军，以节省军费。大清官场中多是"聪明人"，懂得以皇上的喜恶为好恶，对许多人来说，"前程"比什么都重要。至于"英夷"，不过是帝国曾经面对的小小麻烦，在"圣上天威"震慑下，再稍稍"怀柔"感化一下，敌人不是乖乖退走了吗？不是又可以安享富贵了吗？战争结束了，中国的一切又回到原点，清政府的军政大员弹冠相庆。

大清的统治者费尽心力也要让社会经济运行于原有的自然经济的轨道上，中国向以市场经济为基础的近代社会转化的机遇一次次丧失，近代化道路看似近在眼前，实际遥不可及。在鸦片战争前，中国可耕田地越来越少而人口越来越多，人口的增长速度使人民生活日益窘迫。鸦片战争后，涌入的鸦片、外国商品和大量的赔款使整个中国的经济状况日益恶化，每年进来海量鸦片和其他商品，流出去巨额白银，又造成银贵钱贱。土地兼并也日益严重。以广西金田村为例，地主占有土地高达85％以上，地租一般是50％到70％，有的甚至高达80％。与此同时，官吏的腐败和剥削让农民日益无法忍受，最终酿成了席卷大半个中国的太平天国起义。

1843年，广东花县一位29岁的老童生第四次落榜，连秀才都没有考中。名落孙山的故事在中国千余年科举考试中无数次地上演过，许多人经此打击，要么鼓勇再战，至死方休；要么回乡耕读，别操他业。但这位的反应却着实有些与众不同，他沮丧，愤怒，但并不无奈。他大喊：等我自

洪秀全（1814年—1864年），
广东花县人

己来开科取天下士吧！

1844年，洪秀全与同窗好友冯云山开始了在广西的传教活动。其间，洪秀全回广东致力于学习基督教来完善"拜上帝会"的教义、仪规，曾在广州罗孝全礼拜堂学习4个月。而冯云山则主动留在广西开始组织宣传工作。数年之间，"拜上帝会"在广西紫荆山区的几个县里迅速发展，参与者日众，影响甚至传播到广东。

1851年1月11日，正是洪秀全生日，广西金田村竖起了太平旗。不久，洪秀全称天王，建立太平天国。

一时之间，太平天国的黄旗遍布东南各地，东南一隅换了新主人。大清帝国赖以维持生命的江南漕运瘫痪，南北交通被截断，它面临着自定鼎中原以来前所未有的重大挑战。

1853年3月18日，随着一声巨响，南京仪凤门的城墙被地雷轰塌，林凤祥率部先登仪凤门，无数黄旗迅速由缺口涌入城中，钦差大臣两江总督陆建瀛被杀。3月19日，太平军破内城，斩江宁将军祥厚、副都统霍隆武等，攻占南京。

3月29日，一个阳光灿烂的日子，杨秀清率领各部将士到岸边恭迎洪秀全，在一片欢呼声中，洪秀全第一次进入南京，从此再也没有

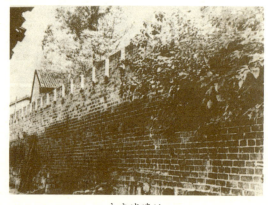

永安城遗址

太平天国天王玉玺

离开过。

初入南京，太平天国大有新气象，整顿部伍，严明军纪，规范秩序。不久颁布《天朝田亩制度》，将中国农民几千年来的土地梦以法令的形式予以颁行。然而，"有田同耕，有饭同食，有衣同穿，有钱同使，无处不均匀，无人不保暖"的社会理想，不啻为带有原始社会特点的绝对平均主义，与当时世界发展的趋势背道而驰，在这样的基础上显然很难生长出近代化的国家和社会。理想与空想，就这样奇异而自然地结合在 19 世纪中后叶中国农民的梦想天堂中。

太平天国为什么会失败？这是一个引发后世无数学者思考的问题。其中，领导层大兴土木、骄奢淫逸以及内部的权力争斗，都是导致其迅速衰落的重要原因。太平天国背离了自己所宣扬的"平等"，迅速蜕变成一个腐朽的封建王朝，直到最后的崩溃，前后不过 10 余年。

1856 年，天京事变严重地削弱了太平天国的领导和军事力量，原有的对清朝的战略优势不复存在，战局急转直下。1864 年 6 月，曾国藩领导的湘军攻占天王府。

曾对太平天国寄予热烈期望的马克思，在太平天国失败的几年前，写下了以下的文字：

"除了改朝换代以外，他们没有给自己提出任何任务……他们给予民众的惊惶比给予统治者的惊惶还要厉害。他们的全部使命，好像仅仅是用丑恶万状的破坏来对症停滞腐朽，这种破坏没有一点建设工作的苗头。"

徒有一部适应潮流的《资政新篇》，太平天国无法施行，清政府不愿施行，更重要的是没有能够施行的阶层。然而，正是太平天国起义，使得一部分人终于从"河晏海清"的迷梦中惊醒了。

三、师夷制夷

在 19 世纪 60 年代，清政府被太平军的战刀和列强的炮火压得喘不过气来，任何一方都能颠覆它的统治。是先攘外还是先安内？用什么来攘外安内？时局没有给清政府留下多少辗转腾挪的空间。

1860 年 9 月 22 日，英法联军兵临城下，咸丰皇帝匆忙北上"谒陵"，留下一封谕旨让恭亲王奕䜣与"夷人"周旋。皇帝希望奕䜣赶快在英法两国提出的条约上签字，好让自己早点回北京，以免动摇根本。至于要付出些什么代价，已经不重要了。

既然外战不堪一击，内战尚可支撑，许多清政府官员自然认为应当先安内而后攘外，这成为当时清政府应付时局的基本战略，而这一战略一直执行到 19 世纪末。

10 月 13 日，英法两国国旗悬挂在安定门上。10 月 20 日，火烧圆明园的第三天，奕䜣代表清政府与英法两国签订《北京条约》。

但是，不管是安内还是攘外，都必须以自身的强健为基础，正如中国古代典籍中所说："天行健，君子以自强不息。"中国终于响起了一个早就应该响起的声音：自强。

12 月 24 日，就在圆明园被焚 66 天之后，体弱多病的咸丰皇帝发布了同样弱不禁风的大清帝国向西方学习先进技术的第一个"上谕"。

此后，咸丰皇帝批准成立"总理各国事务衙门"。任命奕䜣为首席总理大臣，和大学士桂良、户部左侍郎文祥等人负责该部事务。由此，总理衙门成为自强运动，也就是后人所说的"洋务运动"的领导机关。此时距离第一次鸦片战争结束和魏源完成《海国图志》已经过去了近

20年，"师夷长技以制夷"终于开始为人们所接受。

然而，在这个变革年代，洋务运动的倡导者们不但没有成为引领潮流的弄潮儿，反而成了被传统士大夫围剿的对象，洋务运动始终伴随着反对和质疑顽强生长。

1863年12月20日，安庆附近的长江江面上，寒气逼人，一艘很小的木壳小火轮追波逐浪。这艘小火轮，是中国第一艘自行制造的蒸汽轮船，也是一支宏大舰队的雏形和试验品，对于洋务运动乃至中国工业化进程来说，这是一个阶段性的成果。

两年前，也就是湘军刚刚攻占安庆不久，硝烟还未散尽，曾国藩就成立了安庆军械所，聚集了一群当时中国少有的科技人才，如精通化学、电学的徐寿父子，数学家、天文学家李善兰，数学家华蘅芳，制造炸炮的黄冕、龚芸棠等。徐寿和华蘅芳联手用一年时间制成了中国第一台蒸汽机。

1866年8月19日，大清帝国闽浙总督左宗棠从福州城出发勘查地形。在马尾，他勘察了一个天然良港。

不久，左宗棠改任陕甘总督，他的继任者沈葆桢，继续会同一些有志之士用七八年时间建造了当时中国规模最大的近代船舶修造厂。福州船政局先后造出了40艘近代舰船，装备了福建水师的全部、北洋水

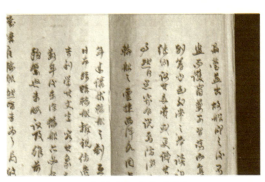

开办福州船政局的奏折

师的五分之二、南洋水师的三分之一。其中，为南洋海军建造的3艘2400匹马力、排水量2400吨的巡海快船，是当时中国自己修造的最大军舰。

当然，更重要的是"人"。在机器开始轰鸣之际，琅琅的读书声也响起了。

1867年1月6日，数十名少年走进福州船政学堂，他们将成为中国第一批近代化意义上的海军指挥官。其中，有两位日后名扬天下的人物从这里走进了中国近代史。一位叫邓世昌，而另一位叫严宗光，也就是后来的严复。

1868年8月，一艘战舰在黄浦江中劈波斩浪，它长达18丈，每小时行驶37里，配炮9门，一时轰动上海滩。曾国藩将这艘战舰定名"恬吉"，取"四海波恬，厂务安吉"之意。虽然制造这艘战舰的江南制造局此后多灾多难，中国的海疆不仅长期难以安宁，外国战舰如入无人之境，但这个名字显示了中国人开始编织远航异域、征服大海的梦想。

不过，洋务运动的缺陷正像它的成就一样突出。洋务运动的领导者们局限于自己所处的位置，不敢也不可能进行政治、经济、文化、教育的全面革新。曾国藩、李鸿章等人一再声称："中国文武制度，事事远出于西人之上，独火器不能及。"他们的原则是"中学为体、西学为用"，意思是用西学来维护封建制度。所谓西学主要是三个方面：造船、造炮、养兵练兵之法，没有涉及制度层面。

洋务运动期间，中国自主修建了第一条铁路，起自河北唐山，止于胥各庄，名为唐胥铁路。1881年建成后，清政府却认为火车震动了东陵的先王神灵，因而禁止使用机车，只准以骡马拽引车辆，人称"马车铁路"。

而邻国日本，1872年由英国人建成第一条铁路，明治天皇亲自参加了通车典礼，国人纷纷前来，在月台上脱去鞋子，小心翼翼地登车参观庆贺。7年后，日本已经开始自己设计和修建铁路。

在阻力重重的背景下，洋务运动每前进一步，都无比艰难。在一些人看来，洋务就是卖国，他们宁可向上苍祈祷消灭洋人，也不愿看一看西方列强到底强在哪里。保守势力想用封建主义打败资本主义，用伦理道德击垮坚船利炮，用科举制度对抗新式教育，抱残守缺的思想意识隐藏着最大的危机。

1884 年，中法战争爆发。左宗棠认为时局于中国有利，立军令状请战："不效，则请重治其罪，以谢天下。"一时震动京师。

可惜，李鸿章仍然消极避战，数次放弃扩大战果的时机。在马尾海战中，拒派援军也就罢了，竟禁止部队阻止法国舰队，眼睁睁看着敌军靠近。福建水师最后在法国舰队的突然袭击中全军覆灭。左宗棠和沈葆桢多年的苦心经营毁于一旦。

1891 年 5 月 23 日至 6 月 9 日，从威海卫到大连的环渤海海域，李鸿章航行 3000 海里，耗时 18 天，检阅北洋海军。夕阳下铁甲舰硕大而泛着金色的甲板和巨炮使当时许多中国人一展愁眉。据说，当时中国的海军排名仅次于英、法、俄、意、德、西、美七大列强。

然而，人们并未意识到，一个衰弱的国家突然有了一支强大的海军，就像一个老人突然拥有了一只肌肉盘虬如同钢铁一般的年轻手臂，他能挥舞得动吗？

1894 年 7 月 17 日，日本东京皇宫内军政要员云集，气氛非常紧张。这里将

邓世昌（1849年—1894年），
广东番禺人

举行所谓"大本营御前会议",这是日本天皇第一次参加类似的军事会议,它通过了对中国开战的一系列议题。

就在日军周密筹划期间,北京紫禁城的一角也有一群人在紧张地工作着,不过却与当时紧张的战局无关,他们沉浸在为大清帝国皇太后慈禧六十岁祝寿的喜悦之中。

1894年7月22日,威海军港。"广乙"舰管带林国祥请示提督丁汝昌,如果日军攻击该怎么办。此时的北洋海军已经知道日本连续两次发布对清"绝交书",李鸿章却依旧周旋在英、法、俄、德等国之间,幻想着由列强以"国际公理和道义"来斡旋。

1894年7月25日7时45分,朝鲜牙山湾丰岛,炮声突起。埋伏已久的日军"吉野"、"浪速"、"秋津洲"3舰向北洋海军"广乙"、"济远"两舰发动突袭。甲午战争爆发。

8时20分,"济远"舰击中日军主力舰"吉野"号的关键部位,但令日本人意外的是炮弹没爆炸,事后才发现炮弹里面居然没有装火药。这一幕一再在甲午战争中出现,洋务运动的种种弊端终于在战争中暴露无遗。由巨额军饷堆砌起来的北洋舰队一败涂地、全军覆没,而日本联合舰队却一艘未沉!

这场战争使日本获得战争赔款库平银2.3亿两,加上日本掠夺的大量舰船、武器、物资,折合日元5.1亿元,相当于日本全国一年财政收入的4.5倍。借这笔巨款,日本进一步发展工业,扩军备战,迅速成为世界级的强国。辽东半岛和台湾、澎湖列岛被割让给日本(在列强施压下,清政府以3000万两赎辽费赎回辽东半岛)。

中国败于日本这个与列强签订了一系列不平等条约的弹丸小国,它带给中国人心灵的创痛,是历次失败所无法比拟的。洋务运动失败了，中国堕入更为深重的苦难。大清帝国的无能进一步鼓舞了列强的野心，甲午之后，英国人夺取威海卫，德国人占领胶州湾，俄国人进一步蚕食西部边境，中国再无一刻安宁……

四、走向共和

甲午一战，使一直以泱泱大国自居的大清帝国遭遇了最大的心灵创痛。中国民众第一次如此普遍、真切地感受到了亡国的危机。那么，究竟什么才是救亡良方？

《马关条约》的相关消息传来，举国大惊。第一批具有近代意义的知识分子，日渐从旧思想的束缚中摆脱出来，开始担当起对国家和社会的启蒙责任。

1895年5月2日，北京、河南、山东、湖北、浙江、江西等大批举人纷纷集会，一天有15起公车上书和官员上书，坚决反对《马关条约》，要求自强。

在北京宣武门外松筠庵，一批举子大集，人人脸上都透着怒意，一番痛骂之后，人们在一份奏折上签下自己的名字。此文一万八千言，是广东南海人康有为一夜之间写就，由弟子梁启超抄写的。文笔雄健，声气慷慨，一时传诵京师。

康有为（1858年—1927年），
广东南海人

这次公车上书意味着晚清知识分子第

一次大规模介入国家政治，虽然没有被清政府接纳，但也给了清政府沉重的压力。

"昔时人已没，今日水犹寒。"在邓世昌阵亡 1 年后，他的同学，才华横溢而又"不与机要，奉职而已"的北洋水师学堂总办严复，从怀才不遇的痛苦中挺身而出，发表《救亡决论》，喊出："今日中国不变法则必亡"，第一次向国人提出"救亡"的口号。

1898 年，康有为再次上书光绪皇帝，希望自上而下，"以日本明治之政为政法"，建议学习日本的立宪君主制。在他看来，明治政府的立宪君主政体是使日本强大的最重要因素。

甲午战争成为检验明治维新与洋务运动结果的试金石，中国知识分子开始思考日胜中败的深层原因，一时间，东渡日本的中国留学生数量远超他国，有志之士皆想实际看看明治维新的成功之道。

1898 年，中国最轰动的出版物是严复所译《天演论》，它向中国人介绍了达尔文的进化论思想，提出"物竞天择"的规律。他呼吁"自由为体，民主为用"，力争"开民智，新民德"。

严复为《天演论》写的序言　　谭嗣同所著《仁学》

《天演论》影响极为深远，在 10 年内再版 30 多次。在很长一段时间里，"物竞天择"和"适者生存"广泛为中国青年所接受，甚至很多人以此作为自己的字，比如胡适，字适之。

此时，一些知识分子已经认识到了封建制度的问题。谭嗣同在《仁学》一书中痛斥 2000 年来的封建专制制度是"大盗"之政，专制君主是"独夫民贼",一切罪恶的根源。他认为"君"不过是"民"根据需要所选举,"君"不为"民"办事,可以废掉。

《仁学》内容丰富,既有旧学的浓厚味道,也有西方思想的极大熏染,它反映了中国知识分子由传统向现代转变的急剧行程和思想状态,体现出传统文化下的中国知识分子向现代转变的艰难。

中国人用近半个世纪的时间终于认识到:打败中国的并不只是西方的坚船利炮,仅仅"师夷长技"是远远不够的,中国需要从政治、经济到文化、教育的全方位改革,这事关中华民族的生死存亡。

在紫禁城中,也有一位苦读"西学"的人,在 1892 年就开始学习英语,他是光绪皇帝。光绪锐意改革的态度得到了当时很多知识分子的支持。

1898 年 6 月 11 日,光绪皇帝颁布"明定国是"诏书,宣布变法开始,此为"戊戌变法"。维新派试图不动摇封建统治基础,照搬西方制度进行社会改革。在 103 天的时间里,光绪发出了 110 多条诏令,涉及科举、工业、商业、军事、文化、教育等多个领域,但这些诏令应者寥寥。

长期无法掌握实权的光绪皇帝背后,还有一位执掌朝政 30 余年的"老佛爷",一向视权如命的慈禧绝不会把权力拱手让人,哪怕这是在为日暮西山的中国乃至大清朝廷争取最后一丝希望。

如今的北京菜市口充满了现代都市气息,但在 115 年前那个烦闷的初秋,菜市口见证了旧制度对近代化的最后一次胜利,刽子手挥刀砍下"戊戌六君子"的六颗人头,也砍断了清政府最后一缕希望。

变法失败后,光绪被囚瀛台,于四面湖水中蹉跎岁月,任冷酷的岁月之刃切割他的雄心壮志和单薄的身体。他只剩下一件武器,那就是自己的生命，他希望以此与慈禧抗衡，看谁先死。他小看了慈禧的冷酷，最后他以不可知的原因死在慈禧之前，相隔时间还不到 24 小时。

谭嗣同，"戊戌六君子"之一，日本使馆为他提供保护，他傲然说："各国变法，无不从流血而成，今中国未闻有因变法而流血者，此之所以不昌也，有之，请自嗣同始！"

他高吟"我自横刀向天笑，去留肝胆两昆仑"、"有心杀贼，无力回天；死得其所，快哉快哉"，慷慨赴死。在头颅滚落尘埃的地方爆出生命的惊雷，让无数后来人为之扼腕长叹、肃然起敬。

对于中国来说，失败同样宝贵。戊戌变法虽然被扼杀了，但作为中国近代的第一次启蒙思想运动，它所传播的西方政治学说和自然科学知识，将统治中国人几千年的封建思想打开了缺口。

1900 年的北京，气氛十分紧张，义和团成为中外瞩目的焦点。

义和团的宗旨是"扶清灭洋"，其身上兼有反抗侵略的进步性和维护封建传统的落后性。他们对西方的一切都抱持着一种反对的态度。义和团相信可以将中国神话传说中的神仙佛祖、英雄好汉都请入凡世，附在身上，"刀枪不入"，抵挡洋枪洋炮。

1900 年 4 月 6 日，各国公使发布照会，要求清政府在两月之内，剿灭义和团，否则将自行出兵剿灭。为耀武扬威，英、法、美、俄各国将军舰开到了大沽口外。

此时慈禧太后非常矛盾。一方面，列强于她是如鲠在喉，不去不快；另一方面，她又怕义和团势大进一步激怒列强。于是她在列强与义和团之间摇摆不定，一会令山东巡抚袁世凯和直隶总督裕禄对义和团严行镇压，一会又希望借助义和团的力量对抗列强。

　　事实上，义和团和列强都不会随着她的指挥棒起舞，局势日益失控。6 月 20 日，德国公使克林德途经东单牌楼时被击毙。这一事件被各国宣称为侵入中国的直接原因。其实，这不过是列强的一个借口。在这一事件发生的 3 天前，列强已经向大沽炮台发动攻击，3000 名中国守军喋血。

　　局势已不可扭转，6 月 21 日，慈禧以光绪的名义颁《宣战诏书》。这是一场注定失败的战争，一边是根本没有做好近代化战争准备的国家，一边是武装到牙齿的世界八大强国的联合部队。

　　8 月 15 日，慈禧穿着蓝布大褂仓皇西行避难，将北京城和偌大的中国抛给联军。侵略者们在北京城划区驻扎，要求所驻区域的所有中国人家必须悬挂占领国国旗。一时间，中国的心脏扬起的是 8 个国家的旗帜。国之大耻莫过于此！

　　1901 年 9 月 7 日，李鸿章代表大清国与 11 国签订了《辛丑条约》，赔款 4.5 亿两。100 多名官员被杀，还有无数的普通民众被作为"拳匪"处死。暂缓一口气的慈禧，一句表态被永远钉在了历史的耻辱柱上："量中华之物力，结与国之欢心。"

　　此时的清政府已经丧尽民心，无力回天。越来越多的人认识到抵抗外来侵略，已不能寄希望于清政府，必须靠国民的共同奋起。

　　1904 年 8 月，孙中山发表《中国问题的真解决》一文，指出只有推翻清政府的统治，才能解决中国的问题。孙中山说，清政府"可以比作一座即将倒塌的房屋，

孙中山（1866 年—1925 年），
广东香山（今中山）人

整个结构已从根本上彻底地腐朽了，难道有人只要用几根小柱子斜撑住外墙就能够使那座房屋免于倾倒吗？"

时局已变，大潮将起。20 世纪初的中国，有一个声音越来越响亮，那就是：革命。

1905 年 11 月，孙中山提出"三民主义"，即民族主义、民权主义、民生主义。不久，孙中山在东京创办中国同盟会。在同盟会机关报《民报》的创办号上，一位编辑这样写道："欲救中国，惟有兴民权，改民主。"要想达成目的就要革命，"宣布自由，设立共和"。他，就是陈天华，其《猛回头》《警世钟》，以殚精竭虑的爱国情、慷慨悲壮的笔触、浅显易懂的语言风行大江南北。

在创建共和的思想鼓舞下，一批批爱国志士发动了多次武装起义，仅孙中山就亲自领导了 10 次。在一系列起义中，以黄兴领导的第三次广州起义最为悲壮，其影响也极为深远。

1911 年 4 月 27 日，一个阳光灿烂的日子。在广州黄花岗，一群年轻人笑着拥抱死亡，他们用自己的牺牲，以碧血黄花高筑起理想主义的丰碑。在这些人中，有很多是留学归来的青年，平均年龄只有 29 岁。他们的青春、幸福乃至生命，都与国家存亡的时代主题紧紧相连，他们甘愿用自己的一切作为祭品，奉献于中华民族复兴之路。

这一代年轻知识分子与前辈知识分子明显不同，他们珍惜幸福，却愿意拼死一战改天换地；他们热爱生命，却甘愿献出生命来与腐朽同归于尽。这是具有朝阳般气息的一代年轻人，他们的出现意味着老旧中国开始拥有了全新的血液，昏睡百年的雄狮快苏醒了。

黄花岗烈士死难 6 个月后，1911 年 10 月 10 日，武昌起义爆发，3 日内，武汉三镇光复，湖北军政府成立。武昌起义不到两个月，全国有 14 个省宣布起义，脱离清政府统治。看似坚不可摧、实行了 2000 多年的封建专制制度在短短 4 个多月的时间里土崩瓦解，后世称为"辛亥革命"。

1912 年 1 月 1 日晚 10 时，南京细雨霏霏。原太平天国的天王府、清两江总督衙门，如今的临时大总统府，军乐声声，炮声隆隆，孙中山就任中华民国临时大总统。

辛亥革命是中国人民为救亡图存、振兴中华而奋起的一个里程碑。民国取代帝国，是一种前无古人的变化，中国人的思想也由此获得了一次巨大的解放。"敢有帝制自为者，天下共击之"的观念里萌动着中华民族第一股复兴的力量。

一个旧制度终于在新世纪的晨曦中消亡了。但是，旧制度的巨大阴影并未随之消失，并在相当长的时间内仍影响着国家的前途和命运。不仅如此，自 1840 年以来不断入侵的列强，仍然奴役着中国。

在中华民族复兴的道路上，推翻帝制只是第一步，反帝反封建的历史任务还遥遥无期，中华复兴之路道阻且长，仍需上下求索。

第二章
峥嵘岁月

（1911 ～ 1949）

一、狂澜待挽

1913 年 3 月 21 日晚 10 时 45 分，上海老火车站，三声枪响。国民党代理理事长宋教仁倒在血泊之中，次日凌晨终告不治，年仅 31 岁。

宋教仁被刺杀在进京准备组阁的途中，举国哗然。孙中山、黄兴得到宋教仁死讯，始惊复怒，紧急筹划对策。但在采取法律手段还是诉诸武力的问题上争执不下。此时，袁世凯已经开始行动了，他先是不经国会批准擅自向五国银行团借款 2500 万为军费，又以大将段祺瑞代替赵秉钧组成战争内阁，之后公开发电嘲讽孙中山和黄兴无能。国民党人发现已无路可走，南方几省通电讨袁，开始二次革命。可惜仓促之下，又无能战之将，不到两月，纷纷败北。开国元勋们又成了"通

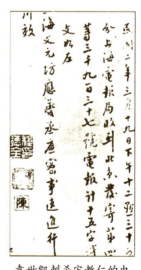

袁世凯刺杀宋教仁的电报证据

缉犯"，孙中山项上人头价值 20 万。

1913 年 10 月 6 日，北京众议院会场，正式选举中华民国大总统。这天的气氛实在诡异，场外军警密布，如临大敌，另有 3000 余人围着会场高喊支持袁世凯。场内，选举从早上 8 点一直到晚上 10 点，拥护袁世凯的好吃好喝，而试图制约袁世凯的国民党议员们只好饿肚子。

袁世凯躲在办公室里等待结果，两轮投票都没使他达到法定票数。最后，在外有武力挟持、内有饥饿压制之下，袁世凯总算从议员们手中拿到了他所要的票数。一旦就任，他便把议会抛在一边。

1913 年 11 月 4 日，袁世凯发布解散国民党令，限令 3 天内解散国民党的一切机关，国民党籍议员一律驱逐出会。两天里，赶走议员之多竟令国会不足召开会议的法定人数。

袁世凯（1859年—1916年），
河南项城人

1914 年 1 月 10 日，第一届正式议会被袁世凯正式解散。后来，《临时约法》也被废除，袁世凯宣布总统不仅可以无限期连任，还可以推荐继承人，这与皇帝还有多大区别？

1915 年 1 月 18 日，日本驻华公使日置益晋见民国总统袁世凯，亲手将一份秘密文件交给袁世凯，袁世凯"大惊，一时难以答复"。这份秘密文件就是"二十一条"。

"二十一条"条件之苛刻、野心之巨大，即使日本人以支持袁世凯称帝为交换，袁世凯也不敢轻易答应。为引起世界注意，中国政府故意将部分内容外泄。然而，欧美列强并不像民国政府想的那么厚道。3

月 13 日，美国国务卿布赖恩发表声明，表示"合众国坦率地承认，版图的接近造成日本和这些地区之间的特殊关系"。一句特殊关系意味着默认了日本在中国的特殊利益。

为了向袁世凯政府施压，日本在山东增兵 3 万，以战争手段恐吓中国。5 月 25 日，袁世凯政府在修改后的"二十一条"上签字。日本为之举国狂欢，一些日本人涌上北京街头，大喊："大日本帝国万岁！"

这是中国人的奇耻大辱，人人皆知这是日本图谋中国的关键一步。上海数万人集会抗议，北京各校学生每日课余诵最后通牒一遍，以示不忘国耻。有的青年学生因而自杀，有的断指写血书，有的要求入伍。

在长沙，湖南第一师范将反对"二十一条"的言论编印成册，题名《明耻篇》。一位学生读完后，在封面上写下四句誓言："五月七日，民国奇耻；何以报仇？在我学子！"他就是毛泽东。

在天津，年仅 17 岁的周恩来疾呼："莽莽神州，已倒之狂澜待挽，茫茫华夏，中流之砥柱伊谁？"

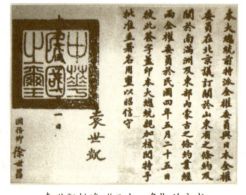

袁世凯批准"二十一条"的文书

袁世凯在国务会议上高声疾呼勿忘国耻，但也没有忘记已经落后于时代的野心。若干天后，人们才发现，他所谓"本卧薪尝胆之精神，做奋发有为之事业"，竟不过是一出奠基于封建迷梦之上的荒唐表演。

1915 年的北京，堪称群魔乱舞。先是几位中外学者的 3 篇鸿文《君宪救国论》、《共和与君主》、《共和宪法持久策》，搅得人心惶惶难安。紧随其后，筹安会、各式请愿团粉墨登场，主张恢复帝制，劝袁大总统晋位皇帝。

袁世凯帝制自为的野心已昭然若揭，梁启超曾给袁书长信一封，劝袁切勿称帝，破坏共和国体；还曾拉袁之部下冯国璋一同觐见袁世凯，当面劝阻袁世凯称帝。但各方努力均无效果，袁仍执意称帝。忍无可忍的梁启超在 8 月 21 日一夜之间写出万余言的《异哉！所谓国体问题者》，从理论上对帝制派的种种谬论作了深刻、犀利的批驳。这篇文章发表后，举国震动。

12 月 19 日，一位将军经过 1 个多月的艰难跋涉，辗转各地，终于抵达昆明。他就是梁启超的学生蔡锷。行前，师徒二人相约："事之不济，吾侪死之，决不亡命；若其济也，吾侪引退，决不在朝。"其气节之昭昭，令人感动。

1916 年 1 月 1 日，中华民国护国军政府在昆明成立。随后蔡锷率领 3000 人部队北上，以不足两月的给养与袁世凯派出的十数万部队鏖战数月。蔡锷义旗一展，各地纷纷响应，反对帝制的呼声响彻中华大地。

1916 年 3 月，走到众叛亲离之绝境的袁世凯宣布取消帝制，他只做了 83 天的短命皇帝，就又做回大总统。可是，人们哪里能容得他如此视国家命运如儿戏，翻手为云、覆手为雨？骂声之下，袁世凯死于 1916 年 6 月 6 日。副总统黎元洪继任。

保护共和政体的事业成功了，而作为领导者的蔡锷身患重病，于 1916 年的冬天逝于日本福冈大学医院，年仅 34 岁。英雄壮年逝，使人扼腕哭。梁启超在挽联中写道："国民赖公有人格，英雄无命亦天心。"

宋教仁的死，成就了袁世凯的窃国之行；蔡锷的死，衬得中国的政局更加昏暗。

此时的中国是野心家的天堂，有共和之名，而无共和之实，共和成了一块招牌。张勋复辟，曹锟贿选……军阀们你方唱罢我登场，一幕幕丑剧接二连三上演。名义上有国民政府，实际上是军阀割据，到了后来，从占据半个县到独霸一省或几省，阴谋与政变、战争与混乱是那个时代的主旋律，"城头变幻大王旗"是最常见的场景。

1916 年，天津南开学校的一位学生作诗道："茫茫大陆起风云，举国昏沉岂足云；最是伤心秋又到，虫声唧唧不堪闻。"他是周恩来。这首诗反映了当时中国的先进分子对中国命运的担忧。

悲愤的孙中山一次次在南方发动革命，以推翻北洋军阀。辛亥革命的功臣蔡济民写下诗句说："无量头颅无量血，可怜购得假共和！"

茫茫神州，路在何方？种种救国学说在中国大地应运而生，诸如教育救国、科学救国、实业救国，甚至军国主义救国等纷纷出现。在1915 年，大多数人并没有注意到上海一份刊物的诞生。

1915 年 9 月 15 日，"二十一条"引起的怒潮未消，《青年杂志》创刊于上海黄浦江边。在那个昏乱的时代，尤其是帝制对共和的反扑使陈独秀等一大批知识分子意识到，在中国搞单纯的政治革命没有意义，要想"救中国、建共和，首先得进行思想革命"，使人们从封建思想的束缚中解脱出来。一场文化启蒙的运动终于在中国展开。

《青年杂志》创刊号封面

1 年后，《青年杂志》改名为《新青年》。有趣的是，《新青年》在新青年中广受欢迎，却得益于一位老翰林。

1917 年 1 月 4 日，在一场大风雪中，北京大学迎来了他们的新校长蔡元培。刚进北大，蔡元培就宣布了"囊括大典，网罗众家，思想自由，兼容并包"的办学方针，厉行改革。他做的第一件事就是力排众议，聘请没有高等学历的陈独秀为北大文科学长。

陈独秀将《新青年》主要撰稿人、26 岁的胡适也聘为北大教授，鲁迅等人也开始在《新青年》上崭露头角。由此开始，当时中国第一流的学者纷纷进入北大，北大拥有了陈独秀、李大钊、胡适、鲁迅、辜鸿铭、刘师培等等一大批优秀的教师。

1919 年 1 月 15 日，陈独秀在《新青年》上竖起了两杆大旗——德先生、赛先生，"民主"与"科学"成为中国此后 10 余年间人们耳熟能详的名词，也成为新文化运动和五四运动的旗帜和精神遗产。正是在对民主与科学的不懈追寻中，中国人开始寻找到走出困境的方略。

陈独秀（1879 年—1942 年），
安徽怀宁（今属安庆市）人

1917 年的世界时局，起初令中国人颇为高兴。第一次世界大战结束了，派出 20 万华工参战的中国成了战胜国。1919 年 1 月，中国代表团向巴黎和会提出了 7 项要求，希望撤退外国军队、归还租借地和租界，后来在民众压力下又提出取消"二十一条"的陈述书。然而，在那个时代，公理并没有向中国人民招手，胜利与弱国无关。巴黎和会决定由日本继承德国在山东的权益，同时拒绝取消"二十一条"。中国人民的希望变成了失望，怒火被点燃了。

5月4日下午1点，天安门金水桥前汇集着来自北京各高校的青年学生，金水桥对面飘扬着血书"还我青岛"。随后，学生开始游行示威，2万份《北京学界全体宣言》出现在北京街头，五四运动爆发了。

当天就有32名学生被捕，此举激起人们更大的不满。各地群众纷纷响应，从学生罢课发展到工人罢工、商人罢市。各种社会力量直接行动起来干预政治，在亿万顺民中突然爆发出强大的愤怒，整个中国沸腾起来了。

此时，万里之外的法国巴黎也不平静。在法国巴黎，面对北洋政府同意签字的命令，中国代表团也在激烈地辩论。6月28日，在《巴黎和约》的签字现场，人们惊奇地发现中国代表团的席位上空无一人。这是鸦片战争以来，中国第一次对列强说"不"。

轰轰烈烈的五四运动意味着中国人民的觉醒，但整个政治局面依然一片黑暗。"中国往何处去"这一问题，比以往任何时候都更使人们感到紧迫，也使人们感到迷茫。

就在中国代表团拒绝签字的几天后，苏俄发表《对华宣言》，声明将废除对中国的一切不平等条约。欧洲，尤其是苏俄的现实使中国的先进分子开始探索一条新的道路。

二、星火燎原

就在北大和《新青年》一起蓬勃发展的时候，十月革命的消息使中国知识界为之一振。正在探索拯救中国方案的一些先进分子翘首北方，把希望寄托在社会主义上。

1918年，北京的李大钊发表《庶民的胜利》和《布尔什维主义的胜利》，宣称："试看将来的环球，必是赤旗的世界！"他将共产主义视为救中国的唯一办法。

1920年，陈独秀发表《谈政治》，公开宣布："我承认用革命的手段建设劳动阶级的国家，创造那禁止对内对外一切掠夺的政治、法律，为现代社会的第一需要。"

这一年的2月，从北京通州去往天津的路上，一辆不起眼的骡车上有两个商人打扮的人在轻声交谈着。当时没人注意到，车里有正被北洋军阀通缉的陈独秀，另一位则是护送他离开的李大钊，他们商谈的正是组建中国共产党的计划。这为历史留下了"南陈北李，相约建党"的故事。

这一年的夏天，在北京福佑寺内，一位湖南青年在白天的忙碌之后，晚上会点起一盏油灯读书。他，就是毛泽东。有3本书特别深地铭刻在他的心中，这就是《共产党宣言》、《社会主义史》和《阶级斗争》。

毛泽东（1893年—1976年），
湖南湘潭人

《共产党宣言》中文译本封面

在法国，年轻的学生领袖周恩来也找到了人生的航向。他郑重地表示"我认的主义一定是不变了，并且很坚决地要为它宣传奔走"。他此后一生的奋斗与荣耀都围绕着这个主义——共产主义。

1921年7月23日，上海法租界望志路106号，一个标志性的会议召开了。当会议进行到30日晚时，忽然有一个中年男子闯进了会场，代表们感到了危险，紧急撤离。十几分钟后，法国巡捕包围了会场。

最后一天的会议移到了嘉兴南湖，在一艘游船上，中国共产党第一次代表大会讨论通过了中共第一个纲领和决议。此时的中共党员只有50多人。

第二年的7月16日，中共二大在上海召开，提出了最高纲领和最低纲领。这个新兴的政党第一个确立反帝反封建的历史任务，她的党员从此开始深入到下层劳动群众中去。

此前一个月，在广州越秀山响起的隆隆炮声，让孙中山遭遇到一生中最大的寒流。原本寄予厚望的老部下陈炯明，调转枪口对准了自己，这是孙中山万万不会想到的。痛定思痛，孙中山感到道路问题不解决，他与中国都无以前行。

1922年到1923年，新生的中国共产党引领了中国工人运动的第一个高潮。这个400余人的弱小政党，却有着惊人的组织力和战斗力。短短13个月间，中国共产党领导了包括安源工人罢工和开滦工人罢工等大小罢工百余次，参加者达30万人。

五四运动的爆发，马克思主义在中国的传播以及新生的中国共产党的力量，使孙中山受到了新思想的深刻影响和启迪，

李大钊（1889年—1927年），
河北乐亭人

他决心联合共产党，对国民党进行改组，改变脱离群众、依靠军阀进行革命的倾向，走新的革命道路。

1922年8月23日，李大钊在林伯渠的陪同下走进上海香山路7号，他与孙中山两人"畅谈不倦，几乎忘食"。李大钊说明中共关于国共合作、建立革命统一战线的主张。二人的会面打下了国共第一次合作的基础。

1924年1月20日，国民党第一次代表大会在广州召开。这次大会制定了联俄、联共、扶助农工的三大政策，并重新解释了三民主义。至此，国共第一次合作开始。

1924年6月16日，广州黄埔长洲岛上，黄埔军校的大门上赫然写着一副对联："升官发财请往别处，贪生怕死莫进此门。"横批是：革命者来。在操场上，来自于五湖四海的460名青年，后来大部分成为国共两党的高级将领。在此后20余年的岁月中，他们曾经并力克敌，也曾因为各自的理想信念分道扬镳、争锋沙场，最后在时代的浪潮中接受历史和人民的选择。

在具有特殊意义的开学典礼上，孙中山对学生们说，在这个地方开办这个军官学校，独一无二的希望，就是创造革命军，来挽救中国的危亡。

1924年11月13日，孙中山启程北上，促成南北议和。可惜，天不假年。不久，孙中山就查出罹患肝癌。一代伟人在生命的最后时刻，留给世界的声音是："和平，奋斗，救中国。"

孙中山逝世之时，黄埔军校的学生军正东征陈炯明，他们以最凌厉的攻势来祭奠国父。1年之后，以这支学生军为骨干的国民革命军开始誓师北伐。当时，尽管国民革命军不到8.5万人，但有识之士已看到中国的希望。

1926 年 5 月，叶挺率独立团 2000 余人出韶关，一出手就两战两捷，为北伐军打开了进军湖南的通道。此后，"打倒列强，除军阀"的歌声一路北上，响遏行云。

仅仅 5 个月，北伐军便从广东突进到湖北，饮马长江，进窥中原，东震江浙。1927 年，北伐军兵分三路分取河南、浙江、安徽、江苏，很快就达到了作战目标。北伐取得了决定性的胜利。

在北伐军中，共产党员有 1500 多人，或任基层指战员，或为党代表和政工干部。伴随着北伐军的一路胜利，中国历史上空前广大的工农运动此起彼伏，史称大革命。

1927 年 3 月 21 日，随着上海总工会的一声令下，80 余万工人开始罢工。随后枪声四起，工人们以劣势装备经过 30 多小时的攻击，击溃敌军，完全控制上海，并成立上海临时政府。

到 1927 年初，仅湖南、湖北的工会会员就高达 70 万人。在农民运动的中心湖南省，无数农民握紧梭镖，向地主和神权、族权发起挑战，他们要求经济平等和人格平等，并实际夺取了乡村政权。

波澜壮阔的农民运动，让毛泽东得出了这样的结论："农民问题乃国民革命的中心问题。农民不起来参加并拥护国民革命，国民革命不会成功。"

毛泽东的观点在当时是前所未有的，不仅国民党没有这样的认识，共产党中的多数人关注更多的是工人运动，因为十月革命主要是在城市取得胜利的。此时还没有哪个政党能真正从根本上铲除封建主义产生的根基——地主土地所有制。

在波涛汹涌的时代画卷中，一股历史的暗流正在涌动。

1927 年 4 月 28 日上午 11 时，李大钊在北京从容走上绞刑架。奉系军阀张作霖下令对李大钊特别使用"三绞处决"法以延长痛苦，绞杀整整进行了 40 分钟。

而在 16 天之前，蒋介石做了件让张作霖拍手称快的事。1927 年 4 月 12 日，上海响起了枪声。从这一天开始，"清党"让整个中国血流成河。在武汉，汪精卫更加杀气腾腾："宁可错杀三千，不可放过一个。"

建立在战友血肉之上的所谓"宁汉合流"，完全抛弃了中山先生联俄、联共、扶助农工的三大政策。革命叛变者手起刀落，上演了中国历史上又一幕丑剧——军事北伐，政治南伐。曾经的民主与革命的色彩被屠刀残忍地刮去了，褪尽光彩后留下的只是一个卑劣的军事独裁者，如此政府与北洋之流到底有多大区别？

在此后 1 年的时间里，被杀害的共产党员达 2.6 万人、群众近 30 万人。曾经蓬勃开展的农民运动被镇压下去。现实给年轻的中国共产党人上了残酷的一课。毛泽东意味深长地说："枪杆子里面出政权。"

1927 年，南昌起义爆发，中国共产党从血泊中重新竖起了大旗，也掀开了中国共产党领导武装斗争的大幕，并将"八一"两个大字永远镌刻在共和国的军旗上。但这场起义和随后的广州起义一样，在战略方向上存在一些问题，当时的领导者们都希望打回北伐军的起点——广州，从这里再造国民革命军。这一战略深受当时共产国际的影响，人们普遍认为中国应该像苏联那样以城市为革命的中心。

中国革命的希望在哪里？城市还是农村？

1927 年 9 月，毛泽东领导秋收起义。按照上级的指示，秋收起义的攻击

秋收起义标语

目标本是戒备森严、重兵云集的长沙。但当部队伤亡日重，而目标还很遥远的时候，毛泽东毅然放弃攻取长沙的计划，率部直取井冈山。这关键的一步，是中国共产党以农村包围城市这一战略的开始。

随着朱德、毛泽东在井冈山的会师，1929 年 2 月，红军成功开辟了赣南、闽西两块根据地，后来，这里成为中央革命根据地。

随着实践的深入，毛泽东日益认识到中国革命的精髓：农村工作是第一步，城市工作是第二步。"农村包围城市，武装夺取政权"意味着中国共产党人在失败的悲痛和不屈的奋争中找到了前行的道路。

此时的中国出现了赣南、闽西、湘鄂西、鄂豫皖等革命根据地，另有 10 余个较小根据地散布各地。1930 年初，工农红军已达 7 万余人，地方武装达 10 万人。星星之火，已成燎原之势。

三、血沃中华

1931 年的江西瑞金，春节刚过，刚刚击败了国民党第一次围剿的红军战士们，沉浸在胜利的喜悦中。很快，另一份新奇的欢乐接踵而至。他们第一次拿到了识字课本，课本中这样写道："工农革命，打土豪，分田地。天不怕，地不怕。穷人不饿肚子，只有大家分田土。"

对于当时千百万农民来说，这些简单的话语有着超乎想象的魔力，他们听不懂抽象的理论，但他们知道"打土豪、分田地"的意义。

此前，38 岁的毛泽东在指挥战斗之余，完成了《兴国调查》，他因此得出结论，如果让农民获得土地，将得到 80% 以上人民的拥护。

中国共产党开始着手帮助农民得到千百年来他们一直想得到而没

得到的东西。苏区的土地政策几经变化，后来基本的政策是依靠贫农，联合中农，限制富农，保护中小工商业者，消灭地主阶级，变封建半封建的土地所有制为农民的土地所有制。

中国老百姓是最善良而知恩图报的人群，一切的善意和德政都能得到最大的回报。苏区的老百姓义无反顾地把自己的子弟送上战场，据后来统计，赣南苏区 240 万人口，参加红军和地方部队的前后高达 32 万人，兴国一县 21 万人口，参军作战达 5 万人。

1933 年 9 月，中国南方战云密布。在连续 4 次"围剿"失败之后，蒋介石倾其所有发动第五次"围剿"。

此时，占据中央领导中心的博古将红军的指挥权交到了军事顾问德国人李德手中。对中国国情、红军军情和根据地民情极为陌生的李德，拿出的应敌方略竟是"以碉堡对碉堡"，"拒敌于国门之外"。

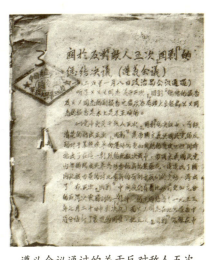

遵义会议通过的关于反对敌人五次"围剿"的总结决议（油印本）

1934 年 4 月 27 日，中央苏区的北大门广昌失守。苏区守无可守，红军必须突出重围，再创新的根据地。人类历史上空前绝后的万里长征开始了。

1935 年 1 月 15 日，具有转折意义的遵义会议召开。两个多月后，形成了新的三人小组：毛泽东、周恩来、王稼祥。由此，红军恢复了往日的灵动和敏捷，这支被困的雄师一次次扼住了命运的咽喉，脱围而出。当蒋介石提醒各路将领"大渡河是太平天国石达开大军覆灭之地"的时候，红军没让自己成为"石达开第二"。刘伯承与彝族首领小叶丹歃血为盟，红军轻装夺取安顺场。22 名突击队员强攻泸定桥，红军以 17 位勇士阵亡的代价夺得桥头。

带甲百万的军队挡不住，号称神仙难渡的大雪山也挡不住，充斥饥饿和死亡的草地同样挡不住红军北进的步伐。

这是一次壮阔的远征，他们由东而西，由南而北走过了中国最贫困的地区，他们是宣言书、宣传队、播种机，他们最深入地了解了中国，也使中国最贫困的人民了解了他们。经过长征，中国共产党党员从 30 万人减少到 4 万人，红军更是大幅减少。虽然幸存者很少，但能在这种极端困苦的环境下生存并战斗的人，个个都是勇者和精英。

身经百战却豪情不减的毛泽东和他的战友们，知道前方有新的艰难，而这艰难将是全民族共同的危机。

1931 年 9 月 18 日，陆海空军副总司令张学良邀请英国驻华武官蓝博森到前门中和戏院看梅兰芳的《宇宙锋》。蓝博森有些不高兴，因为看到一半，张学良就走了。

这一天，日军攻击北大营，中国军队接到的命令是"不抵抗"。9 月 19 日凌晨，日军一个联队进攻奉天。拥有防御体系的 6000 余名军警除少数人外，大都不事抵抗，日军轻轻松松由门而入，兵不血刃地占领了所有军事目标和要害部位，其迅捷根本不像两国交锋，更像是换防，对此，日军深为惊讶。

9 月 20 日，国民政府发布《告全国人民书》，定"九一八"为国耻日，并决定于 9 月 23 日下半旗哀悼奉天。不过，此时的江西仍然战云密布，蒋介石丝毫没有回师收复失地的打算。

此时，江西瑞金发出了抗日的怒吼。事变第三日，中共中央发表《中国共产党为日本帝国主义强暴占领东三省事件宣言》，指示中共满洲省委发动组织民众，创建游击队，开辟游击区，以武装斗争反抗日本侵略者。

　　仅仅 4 个月，日本吞下了 3 倍于其国土的中国领土。20 余万东北将士一枪不发，只能无奈地望着白山黑水渐渐远去，家乡父老和三千里大好河山拱手送与日军。有的人永远没有再回过东北，包括张学良。

　　也有人回到了东北，11 月，清朝末代皇帝溥仪在日军护送下到达东北，他将在之后十几年的时光里充任伪满洲国的傀儡皇帝。

　　从 1931 年底开始，中国共产党陆续向东北派出许多干部，加入到当地的抗日武装中，并组建了东北抗日联军，在极端困难的条件下，坚持长达 14 年的艰苦抗战。杨靖宇、赵尚志、赵一曼等共产党人血沃中华。

　　国民政府的国防力量还在用于一次次地围剿根据地，在 1934 年，逼迫红军踏上长征之旅之际，得寸进尺的日军早已渗透到了华北。

　　严重的局势和国民党的步步退让使青年学生认识到，华北之大已放不下一张书桌。一二九运动爆发，学生运动迅速席卷全中国，激起全国民众的热烈反响。

抗日联军的传单

　　1935 年的中国，最流行的歌曲是《义勇军进行曲》，整个中国的主旋律正是"起来，不愿做奴隶的人们！……中华民族到了最危险的时候……"

　　1937 年 7 月 7 日，卢沟桥的枪声终于让蒋介石握紧了拳头，他对全中国说："如果战端一开，那就是地无分南北，人无分老幼，皆有守土抗战之责任，皆应抱定牺牲一切之决心。"血洒山河、血肉长城的全面抗战开始了。

1937 年 7 月 28 日，北平南苑。天光刚露，日本飞机就向国民革命军二十九军投弹，随后，埋伏在侧的日军发起攻击。副军长佟麟阁率部与敌激战，直到战死沙场。他是抗战爆发后中国军队殉国的第一位高级将领。

1937 年 8 月 8 日，蒋介石发表《再告抗战全军将士书》，淞沪会战爆发，装备低劣的中国军队与日军作战 3 个月，以 3 ：1 的代价使敌人伤亡近 10 万，虽然最后战败，却既打破了日军"三月灭亡中国"的狂言，也使大量工业设施得到了内迁的时间。

1937 年 9 月 6 日，陕西省泾阳县石桥镇大雨倾盆，随着刘伯承师长一声令下，红军一部万余官兵换上了国民党军帽改编成一二九师，全师在雨中宣誓：抗战到底，把侵略者赶出去！

19 天后的上午 7 时，被称为"钢军"的板垣师团一部在山西平型关附近出现，战斗打响了。我军迎战的是一支令敌人闻风丧胆的军队：没有子弹就用刺刀；刺刀弯了，就用枪托；枪托断了，就用石块砸碎日寇的脑袋。

平型关大捷歼敌 1000 多人，使全国民心士气为之一振。一年之内，这个被称为"八路"的军队发展到 15.6 万人，由游击队改编而来的"新四军"发展到了 2.5 万人，他们创建了十几块抗日根据地，遍布华北、华南，总人口超过 5000 万。

平型关战斗最激烈的地点——乔沟

当中国共产党在敌后进行水银泻地般的攻击时，在正面战场，国民党的大军也在浴血奋战。

1937年终，太阳旗下的南京变成了地狱，日本军队成了地狱的恶魔，作为人的所有羞耻心都已被内心的兽欲泯灭。30万条生命如风中飘摇的烛火，黯淡熄灭。8年之后，制造这一切的首犯，作为战犯已被处决。但直到今天，靖国神社供奉的阴魂使整个人类的伤口至今无法愈合。

南京的惨剧让中国人民为之震惊，中国军人的愤怒在台儿庄爆发出来。在李宗仁的指挥下，中国军队获得台儿庄大捷，歼敌万余。经过淞沪、徐州、武汉三次会战，中国军队终于止住了日军的攻势，使战线大体稳定下来。

在延安，毛泽东心怀世界大势，纵览中国近现代史，发表《论持久战》。这一极富预见性的判断指导着八路军和新四军的敌后作战方式，游击战的妙用被中国军人发挥到了极致，甚至成为了一种战略。平原挖地道，水泽藏小船，山区奔劲旅，地雷战、麻雀战、武工队，林林总总，不一而足，这些憨厚得好像大山一样的沉默的中国人成为日本强盗眼中最可怕的敌人。

彭德怀的战略方案则是名震中外的百团大战。3个半月，毙伤日伪军4.4万人，正太线全线瘫痪。

因为恐惧，所以凶残。日本军队把他们的兽性发挥到了极致，杀光、烧光、抢光一切，囚笼战术，铁壁合围，清乡扫荡，一一出手，大开杀戒。他们甚至在中国制造千里无人区，只是为了隔绝中原的义师向东北渗透。

但无数的中国人并没有退缩。八路军副参谋长左权，这位将军战死时只有 36 岁。朱德作诗祭奠战友："名将以身殉国家，愿将热血卫吾华。太行浩气传千古，留得清漳吐血花。"此诗不仅是左权的象征，也是当年抗日军民的写照。

在抗战最艰难的时候，毛泽东号召人们"自己动手，丰衣足食"。毛泽东在自己的窑洞不远处开了一块责任田，朱德不仅种菜，还纺纱。在南泥湾，三五九旅造出了一个好江南。各根据地种地纺织，使后勤供给的压力得到了极大缓解。此时延安的政治生活也很特别，边区政府开始按照"三三制"进行民主选举。

1943 年底，美、英、中三国在埃及开峰会，在开罗会议的宣言中，明确宣告战后将东三省、台湾和澎湖列岛归还中国。被列强羞辱了百年的中国终于站到了近现代的最高峰，人们将她列为世界四强之一。

1944 年，苏联红军光复所有领土，伴随着苏联红军前进的步伐，东欧相继诞生了一系列社会主义国家。

1945 年 8 月 15 日中午，一个低沉的声音从广播中传出，这是日本天皇第一次向民众讲话。随着"停战诏书"的宣读，不时有枪声在东京响起，日军军官纷纷自杀。

8 年，流不尽的英雄血。8 年来，中国军队年平均牵制日本陆军 74％以上，最高达到 90％。日军海外作战损失的 287 万人中，有 150 万人伤亡在中国战场。中国付出的代价是 3500 多万军民的伤亡。

8 年来，国民党坚持正面战场，先后歼敌 90 余万人，阵亡官兵 177 万人；中国共产党领导下的八路军、新四军对日作战 12.5 万余次，消灭日伪军 171.4 万人，其中，日军 52.7 万余人。八路军、新四军阵亡官兵 60 余万人。

中国为世界反法西斯战争所作出的巨大牺牲和突出贡献，使她当之无愧地成为四大国之一。这是中国人民 100 多年来第一次打赢了反侵略战争，也是第一次来到世界舞台的中心。

四、正道沧桑

1945 年 8 月 28 日下午 3 时，一架从延安起飞的飞机降落在重庆九龙坡机场。为了顺应民心，再造和平，毛泽东力排众议，飞抵重庆。

邀毛泽东赴重庆的蒋介石没有想到毛泽东当真赴约而来，一时手足无措，于是紧急开会，仓促制定了谈判要点。

毛泽东和蒋介石再次坐在一起，此时双方的距离依然很远。蒋介石拟定谈判的原则是"一切问题以政令军令之统一为中心。"共产党提出的三大口号是："和平，民主，团结。"就在毛泽东到重庆的次日，蒋介石已密令各战区大量印刷《剿匪手册》。

就在双方紧张谈判的时候，蒋介石唆使阎锡山突袭上党地区，却被刘伯承、邓小平率部夺回失地，阎锡山损失其总兵力的三分之一。上党之败让国民党在谈判桌上的气焰低了不少。得知消息的毛泽东神色如常，不以胜局傲人，谈判仍在继续。

在重庆谈判期间毛泽东与蒋介石合影

10 月 10 日，国共两党签署"双十协定"。1946 年 1 月 10 日，政治协商会议在重庆开幕，会议达成五项协议：改组国民政府，成立政府委员会，中央政权的体制相当于英国、法国的议会制和内阁制等等，有力地冲破蒋介石的独裁统治，实现民主政治，和平建国。

一时之间，政协协议得到各界的热烈支持，然而人民再次失望。就在重庆各界庆祝政治协商会议成功的万人大会上，五六百人突然手持铁棍挥舞殴打进步人士，李公朴、郭沫若等 60 余人被打伤。警察多人在场，不加制止，反将参加会议的工人捕去，失踪者亦不少。"校场口惨案"暴露了国民党的真实用心。

1946 年 3 月召开的国民党六届二中全会上，蒋介石命令部下对政协决议"妥善补救"，实际上是要以扩大内战的行动，使政协协议成为一纸空文。

中共代表团李维汉于返回延安的当天，在日记中写道："国共谈判破裂了，但我党满载人心归去。"

1946 年 6 月，国民党完全走向漂亮口号的反面，内战全面爆发。然而，发动战争的手无法左右战争的结局，更无法控制历史的车轮前进的方向。胜负其实早在战争前就已注定。

1945 年，随着胜利的钟声响彻世界，各国政府开始引领人民重建家园。然而，此时与世界各国弥补战争创伤、加快恢复国力的普遍行为相比，中国却出现很不寻常的现象。

1945 年 9 月，上海成立"敌伪机关及资产接收委员会"，此后与接收有关的机构越来越多，从军队到各部、各政府都有"办事"机构专门接收"伪产"。有的为了争夺"伪产"，还闹得架起机枪。所谓"伪产"其实有很多是敌伪夺自普通公民的私产，如今一"接收"，不问出处，概不负责，只管夺走。在当时，有几个名词变得很时髦，那就是接收大员和五子登科、有条有理、无法无天。

五子登科是房子、女子、金子、车子、票子照单全收；有条有理指不管是汉奸还是日本人，只要有金条送接收大员，都有理可讲，汉奸定罪轻重，以送礼多少来定；无法无天是指不怕犯天大的罪，只要有等身的黄金，不管办什么事，都要向当事人要钱，有了金条，一切迎刃而解。

人们说起了无奈的顺口溜："想中央，盼中央，中央来了更遭殃。"1945年9月，上海《大公报》发表社评《莫失人心》："在热烘烘、乱嚷嚷中，这二十几天时间，几乎把京沪一带的人心丢光了……"

国民党政府的经济日益崩溃，不仅是普通百姓，即使是当时国民党的一般公职人员也难以维持生活。上海高检处的书记官1个月的收入只够每天买一瓶半开水，到1949年2月，国民党军队中下等兵每月薪饷只够买15个烧饼，而上将的薪饷也只够买1担多米。饥民遍野，大城市街头到处可以看到冻饿而死的难民。

1946年，20年代的狂放诗人、40年代的"民主斗士"闻一多被国民党暗杀。对于一些曾经主张在国共之外走第三条道路的民主党派人士来说，闻一多之死是一个非常不妙的信号。不久，多名民主党派人士被逮捕、绑架、暗杀。到1947年，国民党当局干脆宣布民盟为"非法团体"，强迫解散。

各高校特务横行，经常有师生被捕、失踪，民主与自由的理念在蒋介

闻一多（1899年—1946年），
湖北浠水人

石的独裁统治下碰得粉碎。

面对如此种种，中国的知识分子面临着人生的抉择。据后来统计，1948年选出的81位中央研究院院士中，57位留了下来，占总数的70%。国民党原有将北大、清华、复旦等大学南迁的打算，都被各校制止。

人民活不下去了，普遍开展的反内战、反饥饿、反独裁运动，与战场上国民党军的溃败共同演绎着落花流水春去也的故事……

1948年11月20日，《观察》杂志发表文章检讨国民党在东北的失守说："不是林彪太凶，而是国军太糟，政府太无能，剿人不成，反把自己剿了……"

与国民党的腐败堕落相比，在毛泽东思想的指引下，中国的前途和道路日渐清晰。解放区的实践正在把一个延续了两千年的关于土地的梦想变成现实。

1947年10月10日，中共中央颁布执行《中国土地法大纲》，它旗帜鲜明地规定："废除封建性及半封建性剥削的土地制度，实行耕者有其田的土地制度。"当年孙中山先生逝世时仍念念不忘的"耕者有其田"在广大的中国农村变成现实。

抄写《中国土地法大纲》的农民

1年之后，1亿人口的解放区内，近9000万农民分得了土地。这是中国农村社会的大变动，是一场真正意义上的大革命。改革的力量直指每一个中国农民的心头，而无数中国农民的力量正是可以决定中国命运的力量。

当时许多解放区的农民表示："解放军打到哪里，我们就支援到哪里！"淮海战役，解放军官兵60余万，支前民工230万，百万雄师过大江的时候，在身后的是3倍的支前民工。

这是一场摧毁中国封建制度根基的社会大变革，不废除地主土地所有制，便没有彻底的反封建可言，也没有什么中国的现代化可言。中国共产党领导土地革命的这个事实，使讲求实际的中国农民看清了谁代表着他们的愿望和根本利益，从而得到了他们的全力支持，这是一个足以排山倒海的力量，仅当时的合江省两年内就向东北野战军输送子弟兵6万余人。

1948年，国民党当局也意识到了问题的严重性，"限田减租"成了一致呼声，但却下不了彻底废除土地私有制的决心。

8月5日，国民党政府与美国签订《复兴中国农村协定》，通过在浙江等地设立实验区，进行农耕改革，建立保健制度，推行乡村教育，促进农产品出口。可惜农村的元气已被耗尽，修修补补的临阵磨枪已无济于事。

1949年4月23日，中国人民解放军解放南京，当青天白日旗悄然坠落的时候，国民党台湾省主席陈诚宣布"台湾私有土地租用办法及实施细则"，并开始执行"三七五减租"。国民党执政22年都没有做的土地改革在解放军的炮声中拉开了序幕。

曾经被蒋介石掘开花园口制造的黄泛区，成为刘邓大军挺进大别山的通道；曾经被蒋介石轻易扔给日本侵略者的东北敲响了国民党集团的第一声丧钟；曾经上演过"五子登科"丑剧的南京、上海一一回到人民怀抱。

1949年元旦，章乃器在《华商报》发表《新的转折点》一文，称："人类历史亦翻到更光荣灿烂的新页，……整个亚洲大局，将于今年到了一个新的转捩点。"

中国人民解放军到达的地方，驻扎在中国领土上的外国军队被迫全部撤走，帝国主义列强原来享有的内河航行、领事裁判、海关管理等种种特权，被一一取消。耀武扬威的洋人在中国土地上为所欲为的日子一去不复返了。

是的，天下的机运掌握在人民手中，得民心者得天下，失民心者失天下。

1949年9月21日，第一届中国人民政治协商会议在北平召开。中国共产党和来自全国的民主党派、民主团体及无党派人士共商国是。

在会上，毛泽东说："诸位代表先生们，我们有一个共同感觉，这就是我们的工作将写在人类历史上。它将表明：占人类总数四分之一的中国人从此站立起来了。"

10天之后，中华人民共和国成立。这标志着1840年

1949年9月19日，毛泽东邀请部分民主人士和中共领导人游天坛，并在祈年殿前合影

以来中国面临的争取民族独立、人民解放这一历史任务的基本完成，为实现国家繁荣富强和人民共同富裕创造了前提，开辟了道路。

征程万里，尚在前方！民族复兴之路由此掀开新的一页……

第三章
中国新生

（1949 ~ 1978）

一、重整河山

1949 年 10 月 1 日的北京，天气并不算好，这一天早晨是阴天，上午和中午还下了一点小雨，但这并没有影响人们参加开国大典的热情。

下午 2 点，毛泽东来到中南海勤政殿，参加中央人民政府委员会第一次会议，宣布中央人民政府正式成立。下午 3 点，当毛泽东登上天安门城楼最后一个台阶的时候，乐队开始演奏《东方红》。

毛泽东出现在天安门城楼，成为开国大典的第一个高潮。当毛泽东宣布"中华人民共和国中央人民政府今天成立了！"时，新华社记者侯波用手中的相机记录下了这个历史的瞬间。

朱德总司令在阅兵总指挥聂荣臻的陪同下检阅了部队，随后，朱德向全军发布了《中国人民解放军总部命令》。在隆隆的炮声中，新中国第一面五星红旗升起来了。

著名作家、当时担任《大公报》记者的萧乾事后回忆说："如果重

1949年10月1日下午，毛泽东
在天安门城楼上

1949年10月1日下午2时，中央人民政府委员会举行第一次会
议。毛泽东宣布主席、副主席、委员就职

生是奇迹，今天我看见了5000年老中国的重生。老了时，我将拍着胸脯对我的儿孙们讲，开天辟地的那一天，我在场！"

晚上10点，开国大典落下了帷幕。这一天，毛泽东在天安门城楼上整整站了6个多小时。回到中南海丰泽园，他对身边卫士说："我们用了28年办了一件大事，把三座大山搬掉了，也就是头上的问题解决了，看来下步要解决脚下的问题了。解决脚下的问题任务还很重，建设我们这样大的国家要花更大的气力。"

书写历史的自豪感并没有减轻毛泽东的忧患意识，毛泽东对中国的国情了然于胸。他清楚地认识到，革命成功后的路程更长，工作更艰巨。

1951年5月，西藏和平解放。至此，中国除台湾和一些沿海岛屿，以及香港、澳门外，实现了统一，结束了国家分裂和混战的局面，为中华民族的复兴创造了根本的条件，这在中国100多年来的近现代史上是空前的成就。

毛泽东后来总结说："国家的统一，人民的团结，国内各民族的团结，这是我们的事业必定要胜利的基本保证。"

但是，1949 年的中国，还没有从战争中恢复过来，这一年全国的生产水平，同历史上最高水平相比，工业总产值下降了一半，农业总产值大约下降 25%。人均国民收入只有 27 美元，仅相当于亚洲国家平均值的三分之二。这一年的中国，四分之一的县城没有邮局；三分之一的公路无法使用；铁路主干线没有一条能够全线通车；还有大批失业的工人和 4000 万等待救助的灾民……

1949 年，中国共产党在军事上、政治上取得了空前的胜利，但是经济上遇到了严重困难。迅速地医治战争创伤、恢复经济成为摆在新生政权面前的一大重任。

在国内外怀疑和期盼的目光中，毛泽东任命陈云担任中央财政经济委员会主任，负责平抑物价、统一全国财经工作，收拾国民党政权留下的"烂摊子"。

有"红色掌柜"之称的陈云亲自来到上海，研究稳定市场的对策。在陈云的指挥下，大米、棉纱和棉布等物资，从东北和四川等地紧急调往上海。陈云下令，这次要给投机资本一个教训。他说：不狠，就天下大乱了。

1949 年 11 月 25 日，上海、北京、天津、沈阳、武汉、西安等大城市同时行动，大量的物资被投放到市场，物价迅速回落。投机商囤积的物资迅速贬值，纷纷破产。仅上海一地，就有几十家私营粮食批发商号破产倒闭。到了 12 月 10 日，"米粮之战"取得了决定性胜利。

1950 年 3 月，国内市场恢复了稳定，中国人告别了困扰他们多年的恶性通货膨胀。中国共产党人仅仅用了 6 个月时间，就在全国稳定了旧政权留下的经济乱局，一度疑虑重重的人们看到了新政权管理国家经济的能力。人们开始感到生活在悄悄地变化，日子一天比一天好了起来。

从 1949 年 到 1952 年，这 3 年在新中国历史上叫做经济恢复时期。1952 年，新中国圆满完成了经济恢复，工农业主要产品的产量已经超过了历史最高水平。短短的 3 年，新中国就从战争的废墟上站了起来。这个国家开始以前所未有的自信，面对着整个世界以及未来的挑战。

1950年6月，陈云在全国政协一届二次会议上作有关财政经济的报告

在人们生活一天天好起来的同时，一场影响深远的社会变革——土地改革正在广大农村轰轰烈烈地开展，亿万农民开始成为自己命运的主人。

新中国成立之初，新解放区有 3 亿多人口，中国共产党人准备用 3 年时间完成土地改革，在这样广大的地区完成一场规模空前、影响深远的社会变革，在全世界都是绝无仅有的。

土地改革同抗美援朝、镇压反革命并称为建国初期的三大运动，是保证国家财政经济状况根本好转的第一个基本条件。

对 3 亿多无地和少地的贫苦农民来说，土地改革是一次翻天覆地的历史变迁。到 1953 年春天，中国大陆除了一些少数民族地区外全部完成了土改，这一年，中国粮食产量达到约 1.44 亿吨，比 1949 年增长了 26.9%。

但是，土地改革的历史意义并不止于此。在这次社会革命中，国家通过分配耕地确立了自身在乡村的主导地位，打通了中国社会上层和下层之间的阻隔，乡土社会第一次被统合进国家体系。这是中国从前工业时代进入工业文明决定性的一步。

新中国成立之初，冷战的序幕已经拉开，世界被人为地划分为东西方两大阵营，而新中国受到了西方国家严密的封锁。

10月2日，苏联政府发来照会，决定与中华人民共和国建立外交关系，并互派大使。得到以苏联为首的社会主义阵营的承认，这对新中国打破西方国家的外交封锁至关重要。斯大林发出电报，邀请毛泽东访问苏联。1949年12月6日，毛泽东踏上了北上的列车，前往莫斯科。这是他第一次出国访问，也是他出国访问时间最长的一次。

1950年2月14日，中苏双方就《中苏友好同盟互助条约》以及《关于中国长春铁路、旅顺口及大连的协定》、《关于苏联贷款给中华人民共和国的协定》在克里姆林宫举行了签字仪式。

条约签订后，迅速回国的毛泽东在一次会议上指出："条约定下来

中苏两国政府签订《中苏友好同盟互助条约》。周恩来代表中国政府在条约上签字

比不定好，定下来，就有了靠，可以放手做别的事情。"

然而，此时却从中国东北边境传来了隆隆炮声，新中国建设的步伐被打乱了。

1950 年 6 月 25 日，朝鲜内战爆发。两天后，美国迅速派出海军和空军介入朝鲜内战。同时，

彭德怀司令员在朝鲜战场视察

美国总统杜鲁门命令美国海军第七舰队开进台湾海峡，阻挠中国的统一。

毛泽东认为，对朝鲜不能不帮，如美国在朝鲜得胜，就会威胁新中国。但是，他也清楚地知道，新中国刚刚成立，工业基础还很薄弱，而美国是世界上最大的工业国。到底出不出兵，中国政府有一个底线，这就是"三八线"："美帝国主义如果干涉，不过'三八线'，我们不管，如果过'三八线'，我们一定过去打。"

9 月 15 日，麦克阿瑟指挥美军 7 万多人在朝鲜半岛中部的仁川港登陆，朝鲜战局急转直下。

10 月 1 日，南朝鲜军越过了"三八线"。这一天，金日成向中国发出了求援电报。晚上，天安门庆祝新中国成立 1 周年的焰火还没有熄灭，中南海颐年堂的会议室里气氛却十分紧张。朝鲜战争直接关系到新中国的安危，毛泽东忧心忡忡，会议一直开到东方破晓。

这次会议开了 3 天，最后作出了抗美援朝、保家卫国的决定。对新中国来说，这是一个无比艰难的抉择。10 月 8 日，毛泽东下令将东

北边防军改为中国人民志愿军，任命彭德怀担任司令员兼政委。

10 月 19 日夜晚，首批入朝的志愿军 13 兵团 4 个军和 3 个炮兵师从安东（今丹东）等地秘密渡过鸭绿江进入朝鲜，抗美援朝战争就这样开始了。

10 月 25 日上午，志愿军 40 军 354 团在温井伏击了南朝鲜军一个加强营，1 个小时之内将其大部歼灭，打响了抗美援朝战争的第一枪。后来，这一天被定为中国人民志愿军赴朝作战的纪念日。

11 月 1 日至 3 日，志愿军 39 军在云山又围歼了号称"王牌军"的美军第一骑兵师第八团，首创以劣势装备歼灭现代化装备之敌的先例。

11 月 25 日，志愿军发起了第二次战役。分兵冒进的"联合国军"被彭德怀引诱进了预设战场，遭到志愿军的迎头痛击。12 月 24 日，第二次战役结束，志愿军将"联合国军"赶到了"三八线"以南，彻底扭转了朝鲜战局。

1953 年 7 月 27 日，朝鲜停战协定最终得以签署，美国人不得不以一种不体面的方式结束了这场原先在他们看来没有丝毫悬念的战争。

在这场与世界第一工业强国的较量中，中国人

朝、中、英 3 种文字的朝鲜停战协定文本

感受到了现代化战争和现代化大工业的力量。新中国领导人坚定了加快国家建设和工业化进程的决心。在某种意义上，朝鲜战场上的枪声，使新中国加速冲出了工业化的起跑线。

二、"一五"计划

1951年9月，毛泽东在北京第三次接见了来自山西的农民李顺达。一位农民3次受到国家领袖的接见，这背后有着怎样的原因？

李顺达所在的山西平顺县西沟村位于太行山区。这里地瘠民穷，农民连基本的农具都不够用。早在抗战时期，李顺达就和6户农民成立了互助合作组，将各家各户的生产工具集中起来，合理使用。不仅发展了生产，渡过了灾荒，而且还能参军参战、支持前线。

中国农民的探索使毛泽东非常高兴。他认为，李顺达和村民的互助组提供了解决农村实际问题的方法。1951年9月，在《中共中央关于农业生产互助合作的决议（草案）》中，毛泽东亲自加上了这么一段话："要使国家得到比现在多得多的商品粮食及其他工业原料，同时也提高了农民的购买力，使国家的工业品得到广大的销场，就必须提倡组织起来。"

当全国范围内的土地改革开始以后，中央所考虑的，就是推进改造中国农村的第二次革命，这就是农业的互助合作。农业的社会主义改造就这样开始了，1952年底，全国出现了农民自愿组织的830多万个互助组和3600多个初级农业合作社。到1956年底，全国已有96.3%的农户加入了合作社，合作化运动顺利完成。

1952年9月，中央提出，我们现在就要开始用10年到15年的时间，基本上完成到社会主义的过渡。

1953年6月，毛泽东在中央政治局会议上首次提出了党在过渡的时期总路线的内容。之后将过渡时期总路线的完整表述确定下来：从中华人民共和国成立，到社会主义改造基本完成，这是一个过渡时期。党在这个过渡时期的总路线和总任务，是要在一个相当长的时期内，逐步实现国家的社会主义工业化，并逐步实现国家对农业、对手工业和对资本主义工商业的社会主义改造。

1953年公布的过渡时期总路线，明确宣布了实现国家的社会主义工业化的总目标，过渡时期的总路线，概括地讲就是"一化三改"，国家的社会主义工业化是基础。对农业、手工业和资本主义工商业的社会主义改造被称为"三大改造"。"三大改造"是国家工业化和大规模经济建设的前奏。在当时，工业化和"三大改造"被称为"一体两翼"。

中国人开始在一张白纸上描绘未来的蓝图了。

1953年，对资本主义工商业的社会主义改造开始了。国家通过和平赎买的方式对资本主义工商业进行改造，截至1966年，国家总共付给私营工商业者30多亿元，已经超过了他们原有的资产总额。

通过"三大改造"，农业开始为工业提供粮食、原料和工业品销售市场，农业上的积累成为发展工业的最初资本。国家整合了全国的经济资源，开始集中力量发展重要的工业化项目。当"三大改造"在1953年全面展开的时候，也正是新中国发展工业的第一个五年计划开始实施的时候。

建立起自己独立的现代工业体系，是中国人追寻了1个多世纪的梦想。

新中国成立的时候，第三次工业革命已在世界范围内拉开了序幕，而中国还没有独立完整的工业体系，不仅飞机、汽车、拖拉机不能建造，就连一块手表也制造不了，历史留给中华民族的时间不多了。这个时候中国的国际环境并不好，在强敌环伺之下，新中国的工业化之路该如何走?

在新中国成立的 1949 年，全国的原油产量只有 12 万吨，这一年，使用机器的工业产值只占工农业生产总值的 17% 左右，这种状况不仅与西方发达资本主义国家不能比，就是与第一次世界大战前发展比较落后的俄国相比，差距也是惊人的。

在 20 世纪，没有现代大工业体系的国家是永远强大不起来的。新中国工业化的第一步是第一个五年计划的编制。1952 年 8 月 17 日，周恩来率领中国政府代表团来到了莫斯科。代表团除了中国政府经济方面的领军人物陈云、李富春等，还有多名经济学家。他们此行的目的是向苏联政府通报中国第一个五年计划的编制情况，寻求苏联的帮助。

这次谈判的内容是经济援助。经过两个多月的谈判，两国政府最终商定：今后 5 年，苏联给予中国必要的援助，开工建设骨干工程；苏联政府将向中国提供约 3 亿美元的贷款。随后，周恩来和陈云回国，李富春等人留下继续与苏方商谈经济建设援助中的具体细节。

经过 8 个月的谈判，1953 年 5 月 15 日，中苏签订了《关于苏联援助中国发展国民经济的协定》，根据这个协定，苏联方面将增加援助中国 91 项工程，加上在 1953 年前签订的 50 个项目，共 141 项工程。1 年之后，苏共中央总书记赫鲁晓夫率领苏联代表团参加中国国庆 5 周年典礼。1954 年 10 月 11 日，中苏两国在北京再次签订协议，又追加了 15 个援建项

1955年12月，周恩来签署发布国务院关于执行第一个五年计划的命令

目，总共是 156 项。

在第一个五年计划期间，中国政府制定了"自力更生为主，争取外援为辅"的方针，确定了以苏联为主要学习对象，优先发展重工业的道路。计划经济就是国家主导经济的一种极端方式：完全用行政手段分配资源，服务于工业化目标，在短期内可以集中力量办大事。

当时，中国人还没有大规模工业建设的经历，资料、人才、经验都极其缺乏。"一五"计划草案几经修改，五易其稿，直到 1955 年才通过。"一五"计划就在边实施、边编制的状况下开始了，被称为"五年计划，计划五年"。

在"一五"计划中，苏联援助的 156 个项目是工业建设的中心。在"一五"计划实施过程中，根据实际情况对这 156 个项目作了调整，最后实施的有 150 项。后来，人们习惯性地把它们称为"156 项"。其中重工业项目占了绝大部分，它们是工业化的基础。

按照中苏双方的协定，在 1953 年至 1959 年的 7 年之中，上述 156 个项目中的绝大多数将陆续建成，建成之后中国的工业生产能力将大大提高。届时中国的工业生产能力将超过现有生产能力 1 倍以上，中国将有自己的汽车工业和拖拉机工业，机械工业和国防工业方面将有许多新的产品出现。到 1959 年，中国钢铁、煤炭、电力、石油等主要重工业产品的产量将大约相当于苏联第一个五年计划时的水平。具体来说，就是钢产量将超过 500 万吨，原煤产量 1 亿吨，发电量在 200 亿度以上，石油产量 250 万吨左右。

对于还处在农业时代的中国来说，这些项目的建设规模和技术水平都是前所未有的。与 156 个援助项目一起进入中国的，是苏联派出的几千名顾问和专家。这是 100 多年以来，现代工业技术第一次系统地、大规模地向中国转移。

1953 年是新中国全面开始工业化建设的第一年，这一年，是新中国的历史上不同寻常的一年。

在整个 50 年代，鞍钢成了社会主义工业化的一个象征。1953 年 11 月 30 日，鞍山钢铁公司的数百名工人和苏联专家被紧张和兴奋包围着，他们期待着一个历史性的时刻。上午 9 时许，人群中爆发出一阵欢呼声，中国第一根重型钢轨诞生了，近百年来中国机车只能行驶在外国重轨上的历史于此刻终结。

这一年，鞍钢诞生了中国第一根无缝钢管，中国最大规模的自动化高炉也在此投入生产。这一年，鞍钢无缝钢管厂、大型轧钢厂和七号高炉三项工程顺利竣工投产。毛泽东得知后，亲自向鞍钢职工发电报祝贺，称鞍钢的三大工程，"是 1953 年我国重工业发展中的巨大事件"。

50 年代中期的中国大地，就像一个巨大的工地，几乎每天都有新的工程开工和竣工，工业化的巨轮在高速运转着，共和国的面貌每天都是新的。1957 年，新中国的第一个五年计划在这一年超额完成了。这一年，中国第一座原子反应堆投入运转，第一台每秒运算 1 万次的快速通用电子计算机试制成功，第一艘万吨远洋货轮在大连下水。这些"第一"象征着中国 5 年来的工业化成就。这一年，中国的钢产量达到了 535 万吨。

"一五"时期，包括苏联援建的项目，中国实际建设了 921 个大中型项目。包括冶金机械、

"一五"计划纪念邮票

化工能源、国防兵器、航空航天等工业项目，主要分布在东北、华中、西北等地。5 年间，工农业总产值平均每年递增 11.9%，工业的比重提高到 56.7%。短短 5 年，新中国在工业建设上所取得的成就，就超过了旧中国的 100 年。到 1959 年新中国成立 10 周年的时候，中国钢产量由世界第 26 位升至第 7 位。到 60 年代，新中国已经初步建构起了一个独立的、完整的民族工业体系。

1956 年 9 月 15 日，中国共产党第八次全国代表大会在北京政协礼堂召开。这一天，毛泽东很早就来到了会场，他很重视这次会议，这将是一个决定中国未来发展方向的会议。

他在大会上致开幕词："我们现在要把一个落后的农业的中国改变成为一个先进的工业化的中国。我们面前的工作是很艰苦的，我们的经验是很不足的。因此，必须善于学习……"

毛泽东在八大上致开幕词

刘少奇代表中共中央作了政治报告，对中国社会的主要矛盾和历史任务作出了新的判断：

"我们国内的主要矛盾，已经是人民对于建立先进的工业国的要求同落后的农业国的现实之间的矛盾，已经是人民对于经济文化迅速发展的需要同当前经济文化不能满足人民需要的状况之间的矛盾。这一矛盾的实质，在我国社会主义制度已经建立的情况下，也就是先进的社会主义制度同落后的社会生产力之间的矛盾。党和全国人民的当前的主要任务，就是要集中力量来解决这个矛盾，把我国尽快地从落后的农业国变为先进的工业国。"

"由于社会主义革命已经基本上完成，国家的主要任务已经由解放生产力变为保护和发展生产力。"

在经济建设方针上，八大指出：经济要按比例发展，一个重要的方面就是要正确处理好工业和农业的关系，同时要正确处理好建设速度问题，建设速度要同国力相适应，即在综合平衡中稳步前进。从此，中国开始探索一条与苏联计划经济模式不同的建设道路。

在那一代中国人的记忆中，八大是令人难忘的，新中国从此进入了全面建设社会主义的历史时期。

三、风雨苍黄

在 1959 年发行的邮票中，有一套"1958 年农业大丰收"的纪念邮票。这一年风调雨顺，农业取得好收成。但是当时中国农村的大部分劳动力都被动员起来大炼钢铁，以至于在很多地方，成熟的庄稼烂在地里无人收割。

在"大跃进"和人民公社一哄而起的情况下，国家和民族遭受了新中国成立后第一次严重的挫折。经济形势的逆转和席卷全国的困难局面仿佛在瞬息之间从天而降。那么，1956 年八大以来究竟发生了什么，竟然导致了一场影响深远的灾难？

对于社会主义阵营来说，1956 年是"多事之秋"。这一年的 2 月 14 日，苏共二十大召开，开始否定和批判斯大林。紧接着，在下半年的 10 月份，先后发生了波兰和匈牙利事件。而此时的中国也不平静，这一年下半年，一些地方发生了工人罢工、学生罢课的事件。在一些省份，还发生了农民要求退社的情况，群众中的牢骚怪话也多起来了。

面对这些新情况，毛泽东认为，这些问题产生的根源在于干部中存在的官僚主义。他希望民主党派和人民群众起来监督共产党，通过整风运动帮助共产党清除工作中的缺点和错误。

1957 年 5 月 1 日，《人民日报》刊登了中共中央《关于整风运动的指示》。从 5 月 8 日开始，中共中央统战部召开了各民主党派负责人座谈会，征求对统战工作的意见。到 6 月 3 日，这样的座谈会进行了 13 次。《人民日报》把座谈会上的意见公开发表出来，整风运动在全国轰轰烈烈地开展起来了。

这个时候，各地报纸都发表了整风运动中大量的批评和意见，在党政工作中大量的缺点和错误被揭露出来的同时，也出现了一些偏激的甚至是错误的言论。在这种大气候影响下，有人公开在一些大学里演讲，攻击中国共产党的领导，煽动学生上街、工人罢工。对于这种情况，中央认为必须作出反击。

7 月 1 日之后，反右派运动在全国迅速展开。但是，反右派运动很快被扩大化了。这年 10 月上旬，全国被划为右派的人数已经达到 6 万多人。1958 年，当反右派运动结束时，全国共有 55 万人被划为右派分子。

24 年之后，在中共十一届六中全会通过的《关于建国以来党的若干历史问题的决议》中，对反右派运动给出了正式结论：

"反右派斗争被严重地扩大化了，把一批知识分子、爱国人士和党内干部错判为'右派分子'，造成不幸的后果。"

在经历了一场政治上的暴风骤雨之后，经济建设的"大跃进"开始酝酿了。

1957 年 11 月 2 日，毛泽东率领中国党政代表团来到了莫斯科，这是毛泽东第二次访问苏联。代表团此次的日程排得很满：参加十月革命胜利 40 周年庆祝活动；出席社会主义国家共产党和工人党代表会议，以及 64 国共产党和工人党代表会议。

11 月 6 日，在纪念俄国十月革命胜利 40 周年大会上，苏联领导人赫鲁晓夫宣布，要在 15 年内赶超美国。这给了毛泽东很大的触动。

在 11 月 18 日结束的各国共产党和工人党代表会议上，毛泽东发表了一番即席讲话："赫鲁晓夫同志告诉我们，15 年后，苏联可以超过美国。我也可以讲，15 年后我们可能赶上或者超过英国。"

1957 年 11 月，《人民日报》发表社论，第一次明确提出了"在生产战线上来一个大的跃进"的口号

莫斯科会议结束后，社会主义阵营出现了一股"赶超"的热潮。当中国代表团还在莫斯科的时候，1957 年 11 月 13 日，《人民日报》社论中出现了一个新名词：大跃进。一个陌生的名词"大跃进"就这样进入了中国人的视野。

1958 年 5 月 5 日，中共八大二次会议在北京开幕。这次党的全国代表大会，最终通过了"鼓足干劲、力争上游、多快好省地建设社会主义"的总路线，提出要在 15 年赶上和超过英国，还通过了"苦干 3 年，基本改变面貌"等口号。

1958 年 9 月 1 日，一个数字——"1070"进入了中国人的生活。这一天出版的《人民日报》刊登了一篇题为《立即行动起来，完成把钢产翻一番的伟大任务》的社论，这篇文章说，"全力保证实现钢产翻一番，是全党全民当前最重要的政治任务"，"实现钢产翻一番的最重要的条件，是目前我国正在形成的全民炼钢铁的热潮"。社论最后号召人们苦战 4 个月，"1 小时也不能浪费"。

一场前所未有的全民炼钢运动，在全国各地轰轰烈烈地开展起来了。

那么，这场"大炼钢铁"的全民运动如何才能在 4 个月内炼出近 700 万吨钢，从而完成 1070 万吨的任务呢？社论告诉人们，要"采取中央企业和地方企业同时并举、大型企业和中小型企业同时并举、土法冶炼和现代化冶炼同时并举的方针"。

于是，1958 年几千万人开始大炼钢铁，成为"大跃进"中的标志性举动。不仅钢铁厂开足马力，土高炉也遍地开花，7 月份全国土高炉大约有 3 万座，到了 10 月底就达到了几百万座，投入的人力达 6000 多万人。

在一片狂热和喧嚣之中，经过全国上下 4 个月的努力，《人民日报》在这一年底发表了题为《一〇七〇万吨钢——党的伟大号召胜利实现》的文章，宣布钢产翻一番的目标"超额完成了"。

后来的调查表明，1958 年全国实际上只生产了 800 万吨钢，其余的都是不能用的废钢。人们交的"学费"并不仅仅是自己的几口铁锅、几把铁锁，还有被付之一炬的大片森林，所造成的生态恶果直到今天我们还在咀嚼。

在"大炼钢铁"高烧不退的时候，一个新名词"人民公社"开始频繁闯入人们的视野，短短几个月内，全国99％以上的农民成为人民公社社员。在当代中国的历史上，这次农村大变革被称为"公社化"。到1958年11月初，在强有力的政治动员下，公社化运动迅速地完成了。

当时，人们把总路线、"大跃进"、人民公社称为"三面红旗"。

"大跃进"造成的问题逐渐凸显。这个时候，中共中央开始纠正已经觉察到的以高指标、瞎指挥、浮夸风和"共产风"为标志的"左"倾错误。

但是，这一时期的纠"左"，并没有从根本上否定所谓的总路线、"大跃进"、人民公社这"三面红旗"，只是对高指标、浮夸风和"共产风"的发展势头有了一定的控制。"大跃进"带来的危机还在继续酝酿中。

进一步纠"左"仍旧是国家领导人的工作。但是历史的发展总是充满变数。1959年7月2日，政治局扩大会议在庐山举行。刚开始的庐山会议规模不大，原来准备开十几天，继续纠正经济工作中"左"的错误，但结果却正好相反。庐山会议后，全国的纠"左"被终止，取而代之的是"反右倾"。

这一年，粮食部部长沙千里在《人民日报》撰文宣布：1959年，虽然遭受了大面积自然灾害，中国粮食产量达到5500亿斤左右。而实际上当年粮食产量只有3400亿斤，由于估产偏高，当年征购的粮食达到1348亿斤，高征购使许多地方甚至征走了农民的口粮和种子粮。

"大跃进"造成的恶果开始出现了。到这年底，"大跃进"加上自然灾害，中国进入了三年困难时期。城市粮食供应极其紧张，农村出现了大量的非正常死亡人口。

经济困难悄悄降临了。

1959 年 10 月 1 日，在国庆 10 周年的庆典上，毛泽东和苏共中央总书记赫鲁晓夫出现在天安门城楼上，向欢呼的人群频频招手。但是，由于双方分歧日渐加剧，中苏联盟已经走到了尽头。

第二年，苏联单方面撕毁了和中国签订的合同，中苏联盟公开分裂。不久，敌视代替了友好，对抗代替了合作。

1960 年，由于严重自然灾害，全国粮食产量只有 2870 亿斤。

10 月本来是收获的季节，但是在这个时候，农村饿死人等严重情况越来越多地反映到毛泽东那里，他开始对农村的情况忧心忡忡。到当年秋天，周恩来也得到了全国缺粮的确切数字。

三年困难在 1961 年达到了顶点。1960 年 12 月 30 日，周恩来与陈云商议，决定进口 250 万吨粮食。1961 年初，第一批粮食从澳大利亚运抵天津港。

1961 年 1 月，中共八届九中全会正式决定对国民经济实行"调整、巩固、充实、提高"的八字方针。3 年来造成严重后果的"大跃进"运

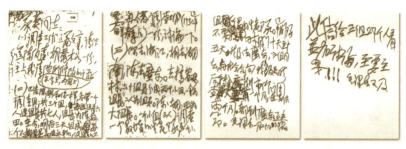

1961 年 1 月，3 个调查组分赴浙江、湖南、广东农村。图为毛泽东关于组织调查事宜给秘书田家英的信

动终于停止了，国民经济开始转入调整的新轨道。

这一年，几乎所有的中央领导人都来到了农村，进行调查研究。调查研究的结果体现在这年 6 月的《农业六十条》里：允许农民养猪、种菜，经营家庭副业，一些地方还出现了"包产到户"和自由市场。中国农村经济恶化的状况得到了扭转。

刘少奇出于调查中的真实感受，在口头报告中说，两三年以前，我们原来以为，在农业和工业方面，这几年都会有"大跃进"。可是，现在不仅没有进，反而退了许多，出现了一个大的马鞍形。这种情况是不是应该承认呢？我想，要实事求是，应该承认事实就是这样。刘少奇在总结"大跃进"错误时，说"大跃进"是"三分天灾，七分人祸"。

在国民经济全面调整过程中，一些地区开始出现"包产到户"。当人们还在对"包产到户"进行争论时，邓小平借用刘伯承的说法说了一句话："黄猫、黑猫，只要抓住老鼠就是好猫。"

1962 年下半年，国民经济逐渐恢复。到 1964 年底，国民经济调整顺利结束。在不断地总结和调整中，新中国在曲折中前进。

1966 年 5 月 16 日，中共中央政治局扩大会议通过了《中国共产党中央委员会通知》，这就是发动的"五一六通知"。当已经习惯了政治运动的人们得知一场新的运动"文化大革命"开始的时候，并没有想到它将把全民族拖到一场空前的浩劫之中。

整个社会开始充满政治狂热，这时，北京四中和女一中的中学生联合写了废除高考的倡议。这些充满狂热的青年人当时不会想到，当他们走进考场参加高考时，将是 11 年之后了。

当学校宣布"停课闹革命"的时候，一批批穿着绿军装、戴着"红卫兵"袖章的青年学生喊着"造反有理"的口号走出校园，冲向社会，开始了所谓的"破四旧"运动。运动锋芒所及，一批批被称为"封资修"的文物古迹和大批书籍被毁坏，中华传统文明遭受到前所未有的破坏。

1981年6月中共十一届六中全会通过的《关于建国以来党的若干历史问题的决议》中，对"文化大革命"作出了这样的结论："文化大革命"是一场由领导者错误发动，被反革命集团利用，给党、国家和各族人民带来严重灾难的内乱。

60年代是一个狂飙突进的时代，世界格局处于不断演化之中。中国和苏联在分道扬镳之后，两国关系迅速恶化。"文化大革命"开始之后，苏联在中国边境陈兵百万。1969年，中国和苏联的边防部队在珍宝岛和新疆铁列克提地区发生了武装冲突，战争的阴云笼罩在中苏边境。

中共中央开始考虑改善中美关系，改变中国在国际上的孤立地位和两面受敌的处境。而此时美国由于深陷越战泥潭，新上台的总统尼克松急于结束越战，更希望改善同中国的关系。

珍宝岛冲突发生后，美国政府宣布放宽对中美之间人员往来和贸易的限制。

1970年10月1日是中国的国庆日，毛泽东邀请正在中国访问的美国作家斯诺登上了天安门城楼，他希望用这种方式向美国人传递友好的信息。

3个星期后，罗马尼亚总统齐奥塞斯库访问美国。

1970年10月1日，毛泽东在天安门城楼上与美国作家埃德加·斯诺交谈

尼克松总统在祝酒词中首次把中国称为"中华人民共和国"，这是一个意味深长的外交信号。

在会谈中，尼克松告诉齐奥塞斯库，希望同中国进行高级私人代表的互访。随后，中国先后通过巴基斯坦和罗马尼亚渠道得到尼克松的"口信"。周恩来表示，中国政府欢迎美国总统派特使来北京商谈。

1971年，美国国务卿基辛格两次访问了中国，与周恩来进行了多次谈判，最终双方达成了协议，为尼克松即将开始的具有历史意义的访华做好了准备。

就在基辛格离开中国的时候，传来了联合国恢复中国合法席位的消息。这一年11月15日，中国代表团抵达联合国大厦，这一天成了联合国的"中国日"。

1972年2月21日，尼克松一行抵达北京，开始了打开中美友好大门的破冰之旅。机场简朴而不失庄重的欢迎仪式之后，周恩来和尼克松乘车前往钓鱼台。

当天下午，毛泽东会见了尼克松。毛泽东谈话时没有稿子，他谈的话题似乎漫无边际，海阔天空。但访问结束后，当基辛格仔细研究毛泽东和尼克松的谈话记录时，他才发现，实际上毛泽东当时就描绘出了上海公报的主要内容。

2月27日，在上海举行的最后一次晚宴上，尼克松说："这是改变世界的一周。""今天晚上，我们两国人民把世界的未来掌握在我们手中了。"

中美两国联合公报标准本底稿

《中美联合公报》发表后，中国和英国、联邦德国、荷兰、希腊、日本等18个国家相继建交或实现外交关系升格。从此，中国打破了外交孤立，重返国际舞台。

走向世界为"文化大革命"中处于困境的对外经济贸易带来了一线生机，这时的西方世界正处于经济危机之中，共和国领导人敏锐地抓住了这个机会。

周恩来和李先念经过详细研究，提出了一个从国外进口价值43亿美元的成套设备的"四三方案"。这是继50年代从苏联引进156个项目之后，新中国第二次大规模的技术和设备引进。这些项目涵盖了石油化工、化肥、化纤、钢铁、煤炭、电站等许多领域，投资27亿元的武汉钢铁公司一米七轧机项目是当时影响最大的工程之一。

此时，毛泽东的健康状况已经大不如前了。1976年9月9日零时10分，沉重的哀乐回荡在中国大地上空，毛泽东逝世了。

纽约联合国总部在毛泽东逝世的当天就降半旗致哀，联合国大会主席说，毛泽东是"我们时代最英雄的人物"，"他改变了世界历史的进程"。

9月18日下午，"伟大的领袖和导师毛泽东主席追悼大会"在天安门广场举行。天安门广场上，首都百万军民仰望着空空的天安门城楼，曾经和毛泽东一起登上天安门城楼的领导人都

1976年9月18日，首都100万人怀着沉痛和崇敬的心情在天安门广场举行毛泽东主席追悼大会

站在下面一个临时搭起的平台上。人们深深感到伟人故去的悲痛和空虚，以及一个时代结束的伤感。这一时刻，在工厂矿山，在行进的列车里，在江河海洋的轮船和军舰上，汽笛长鸣，人们停止工作，用泪水送走了自己的领袖。

一个时代的帷幕降下了。

共同社驻北京记者写道："毛主席确实是中华民族再生的英雄，肯定是代表动荡的 20 世纪的世界英雄之一。"

法国前总统德斯坦说："由于毛泽东的逝世，人类思想的一座灯塔熄灭了。"

巴基斯坦前总理阿里·布托满怀深情地写下了这样的语句："毫无疑问，毛泽东是巨人中的巨人。他使历史显得渺小。"

在中共十一届六中全会通过的《关于建国以来党的若干历史问题的决议》中，对毛泽东作出了这样的评价："对于'文化大革命'这一全局性的、长时间的'左'倾严重错误，毛泽东同志负有主要责任。但是，毛泽东同志的错误终究是一个伟大的无产阶级革命家所犯的错误……中国人民始终把毛泽东同志看作是自己敬爱的伟大领袖和导师。"

历史赋予了每一代人各自的使命，任何人都难以超越自己的时代。历史将会公正地记录每一代人走过的足迹，历史也将忠实地把发展的课题留给后来者。

20 世纪 70 年代的中国，处在"文化大革命"中的人们渴望着一股强劲的新风，吹散笼罩在前进道路上的浓重迷雾。什么是社会主义，应该怎样建设社会主义？严峻的现实和美好的理想，需要所有中国人对这个重要命题作出回答。

正在穿越历史三峡的中国航船，期待新的领航者出现。

四、乘风启航

在新中国的历史上，1976 年是一个特殊的年份。

1976 年 10 月 21 日，整个中国被喜庆和狂欢的氛围所笼罩，向来含蓄的中国人走上街头，载歌载舞，释放着内心的狂喜和兴奋。就在半个月前，华国锋和叶剑英等同志代表中央政治局，执行党和人民的意志，采取果断措施，对江青和王洪文、张春桥、姚文元等人隔离审查，一举粉碎了"四人帮"，挽救了党，挽救了社会主义事业。

十年"文化大革命"结束了，一场浩劫终于过去了。但是，虽然"四人帮"退出了历史舞台，但是新时代似乎并没有立刻降临，社会按照惯性还在原有的轨道上运行着。

1977 年 2 月 7 日，《人民日报》、《红旗》杂志、《解放军报》联合发表社论《学好文件抓住纲》，以不容置疑的口吻宣布："凡是毛主席作出的决策，我们都坚决维护，凡是毛主席的指示，我们都始终不渝地遵循"，这就是著名的"两个凡是"。

"两个凡是"一出台，就有人提出了疑问。当时主管中央宣传工作的负责人耿飚看了《学好文件抓住纲》这篇社论后说，登这篇文章，等于"四人帮"没有粉碎。如果按照这篇文章的"两个凡是"，那就什么事也办不成了。

"两个凡是"也使邓小平的复出遭遇到了更大的障碍。

1977 年 3 月 10 日至 22 日，中共中央举行中央工作会议。会上，陈云、叶剑英、王震提出让邓小平重新参加党中央的领导工作。尽管他们的意见未获通过，但是却得到了许多人的支持。

在一批党内老同志和民意的推动下，1977年7月，中共十届三中全会终于作出决定，恢复邓小平的中共中央政治局委员、常委、中共中央副主席、中央军委副主席、国务院副总理、中国人民解放军总参谋长等职务。

人们期待着再次复出的邓小平能给中国带来新的变化。而此时的邓小平和他的战友们则冷静地思考和寻找着拨乱反正的突破口。

邓小平在主持中央日常工作期间召开了一系列重要会议，着手进行全面整顿

科教领域是"文化大革命"的重灾区。对于中国的科技教育现状，邓小平十分忧心，他说："要实现现代化，关键是科学技术要能上去。发展科学技术，不抓教育不行。靠空讲不能实现现代化，必须有知识，有人才。"

邓小平决定从科技教育入手推动拨乱反正的展开。1977年8月4日，邓小平在北京饭店主持召开了"科学和教育工作座谈会"。在会上，一批学者强烈要求中央下决心恢复高考。最终，邓小平一锤定音，恢复高考成为定局，中国教育界乃至整个社会万马齐喑的局面为之大变。

邓小平亲自修改的招生政策，让被耽误的一代人获得了平等的考试权利，公民受教育权得到了恢复，许多人终于重圆了自己的大学梦。由于新的招生制度10月才被批准，1977年的高等学校招生工作推迟到第四季度进行，新生于1978年2月前后入学。1978年春天，全国有

27 万新生步入了大学校园。

1978 年的 3 月被称为"科学的春天"。这一年 3 月 18 日，6000 多名重返工作岗位的科学家来到人民大会堂，出席全国科学大会，知识和科学重新得到了应有的尊重。

在这次大会上，邓小平提出一个观点：科学技术是生产力。科学和教育战线上的拨乱反正开始了，但是全局性的转折还没有到来，中国需要用更犀利的思想闪电直接撕开僵化的格局。

时代的变迁，使得科学知识不再被冷落。新中国的航船，在新航向的指导下，即将乘风启航。

第四章
改革新局

（1978 ~ 1992）

一、历史大转折

1978 年 5 月 10 日，中央党校内部刊物《理论动态》发表了南京大学教师胡福明撰写、经胡耀邦修改的文章《实践是检验真理的唯一标准》。11 日，《光明日报》以特约评论员名义发表，新华社向全国转发。12 日，《人民日报》、《解放军报》同时转载。

这篇文章的开篇就指出："检验真理的标准只能是社会实践。"文章的锋芒直指"两个凡是"。

一场轰轰烈烈的真理标准大讨论拉开了序幕。大讨论一开始，这篇文章就受到了一些人的压制，有人指责这篇文章是反对毛主席的，是违反社会主义原则的。

争论持续升温，引起了邓小平的注意。6 月 2 日，邓小平说："我们一定要肃清林彪、'四人帮'的流毒，拨乱反正，打破精神枷锁，使我们的思想来个大解放，这确实是一个十分严重的任务。"

讨论逐渐呈现"一边倒"的态势。人们明白，这是一场关于中国前途的争论，争论的实质是如何对待毛泽东的遗产。到底是继续沿着"文化大革命"的路线走下去，还是另寻新途？这场全国性的大讨论终于冲开了压在人们头上的思想牢笼，打开了思想解放的闸门，成为新时代到来的第一声春雷。

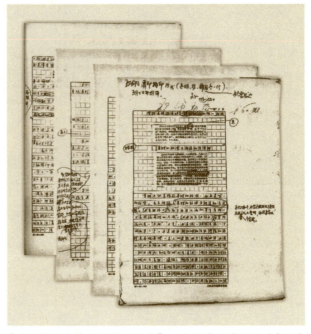

《实践是检验真理的唯一标准》一文的最后修改稿（部分）

在真理标准大讨论进入高潮的时候，1978 年 9 月，邓小平前往东北考察工作。

在东北，邓小平谈得最多的就是思想路线问题。他说，毛泽东思想的根本点就是实事求是、理论联系实际。毛泽东思想要发展，不然就会僵化，现在连实践证明真理都有争论，说明存在严重的思想僵化。

在东北，邓小平看得最多的就是企业。在考察鞍钢的时候，邓小平说，要实行战略转移，要把生产搞上去，不然对不起广大工人群众。我们现在太落后了。社会主义的优越性要表现在生产力的发展和人民生活水平的提高上，如果我们生产力水平老是很低，人民生活水平老是很低，我们就对不起人民。要横下一条心来，集中力量一心一意抓经济建设。

每到一个企业，他都要求企业根据自身的实际情况，大胆引进国外先进的管理经验、技术和设备。他说，要到发达国家去看看，应当看看人家是怎样搞的。过去我们对国外的好多事情不知道。

1978年，中国领导人频频走出国门。李先念访问了孟加拉国，王震访问了英国。中国对外开放的大门开始打开，人们走出了意识形态的幻景，开始看到中国与西方发达国家的巨大差距。

从这年10月起，邓小平开始频繁地出国访问。两个月内，他访问了日本、泰国、马来西亚、新加坡、缅甸等5个国家。

邓小平首先访问的是日本。他在繁忙的日程中安排出时间，参观日本的工厂企业，考察日本经济。10月26日，邓小平乘坐时速210公里的新干线列车前往京都访问。当被问及乘新干线的体会时，邓小平说："就感觉到快，有催人跑的意思，所以我们现在更合适了，坐这个车。我们现在正合适坐这样的车。"

邓小平对现代化有了直观的认识，奋起直追的紧迫感溢于言表。"文化大革命"耽误了10年时间，周边国家经济开始起飞，中国与世界的差距进一步拉大了。

1978年11月16日，出国访问的邓小平回到了北京。这一天，《人民日报》在头版头条刊登了一条消息：《中共北京市委宣布天安门事件完全是革命行动》。

而此时正在召开的中央工作会议上，已是惊雷阵阵。

1978年11月10日召开的中央工作会议本来是一个例行会议，主要议题是讨论经济问题。但是，一个意外使这次会议发生了变化。

几十年后，时任中共中央政治局委员、中共上海市委第三书记的彭冲回忆说：当时的报告是农业学大寨的问题，结果第二天就没人听了。报告还没讲完，就让陈云给轰下台了。陈云提出了原定议题之外的6件议题，他说，要为彭德怀、陶铸、薄一波等人平反，应该肯定天安门事件。

第二天，陈云的发言在大会简报上登出，可谓一石激起千层浪，原定议程改变了，会议一直开了36天。在激烈的争论之中，一些曾被视为禁区的问题一一摆上了桌面。与会者逐渐认识到，不真正解放思想，不按照实事求是的原则拨乱反正，就无法实现工作重心向经济的转移。

党内众多的老同志纷纷表态支持陈云的发言，华国锋代表中共中央政治局在会上作了表态，接受了陈云提出的6条意见。

在中央工作会议结束前，邓小平在闭幕会上说："今天我主要讲一个问题，就是解放思想、开动脑筋、实事求是、团结一致向前看。只有思想解放了，我们才能正确地以马列主义、毛泽东思想为指导，解决过去遗留的问题，解决新出现的一系列问题。"

邓小平的这个讲话内容十分丰富，但最有价值的还是对思想解放的倡导。他说：

"一个党，一个国家，一个民族，如果一切从本本出发，思想僵化，迷信盛行，那它就不能前进，它的生机就停止了，就要亡党亡国。如果现在再不实行改革，我们的现代化事业和社会主义事业就会被葬送。"

那么，怎样解放思想呢？邓小平的答案是民主，而民主的保卫者是法律。邓小平说："一个革命政党，就怕听不到人民的声音，最可怕的是鸦雀无声。"

邓小平这篇讲话的题目叫《解放思想，实事求是，团结一致向前看》，成为随后召开的中共十一届三中全会的主题报告。

1978 年 12 月 18 日，这一天的北京白雪皑皑，空气清新。在京西宾馆，中共十一届三中全会开得热烈而又轻松，与争论了 36 天的中央工作会议相比，这次会议只有 5 天，顺利得令人吃惊，仿佛瓜熟蒂落。

12 月 22 日，大会宣布："全党工作的着重点应该从 1979 年转移到社会主义现代化建设上来。""以阶级斗争为纲"被抛弃了，从 1957 年以来一直没有解决好的工作重点转移问题迎刃而解，"改革、开放"成为直到今天仍在指引中国前进的战略方针。

而另一个引人注目的成就是民主与法制成为治国理念，这使中国在政治文明的道路上迈出坚实的一步。这次会议决定在党的生活和国家政治生活中加强民主，加强党的领导机构和成立中央纪律检查委员会。会议增选陈云同志为中共中央副主席，选举他为中央纪律检查委员会第一书记。这次会后实际上形成了以邓小平同志为核心的党的第二代中央领导集体。

1978年12月，中共十一届三中全会在北京召开。图为邓小平和陈云在十一届三中全会上

1978 年召开的十一届三中全会成为新中国历史上伟大转折的标志，中国将从此开始一场改变贫困落后面貌的新革命，中国由此进入了改革开放和现代化建设的历史新时期。

二、鸡鸣早看天

"鸡鸣早看天"是中国的一句谚语，良机当前，这一回谁会成为天亮早起的赶路人？

1978 年，安徽省发生了百年不遇的特大旱灾。全省受灾农田 6000 多万亩。

在省委召开的紧急会议上，安徽省委作出了"借地种麦"的决定。凡是集体无法耕种的土地，借给社员种麦种菜；鼓励多开荒，谁种谁收，国家不征统购粮，不分配统购任务。

这项战胜农业灾害的决策，极大地调动了广大农民生产自救的积极性。全家男女老幼齐下地，加上天公作美，借地农民普遍获得了好收成。

"借地渡荒"，只是当时一种临时性的变通办法，但正是这一"借"，让农民尝到了"甜头"，暂时摆脱了饥饿的农民，下定了将这一政策固定下来的决心，为此，他们不惜拿性命作赌注，签字画押。

小岗村 18 个衣衫褴褛、面黄肌瘦的农民，在一间破旧的小屋，签下一份土地承包合约，摁上了自己的手印。来自民间的"包干书"，现在已经作为中国农村改革的一份重要文件被保存下来。

"大包干"砸碎了大锅饭，也吹响了破除人民公社的号角。中国的改革正是从这里率先取得突破，此后在农村实行的家庭联产承包责任制，将和小岗村的名字联系在一起。

1979 年，四川广汉向阳人民公社管理委员会的牌子被摘了下来，取而代之的是向阳乡人民政府的牌子，这是全国第一个重建的乡政府。耐人寻味的是，与 50 年代人民公社成立时的喧闹不同，它的消失悄无声息，没有广播，没有登报。

1980 年 5 月，邓小平发表谈话，对安徽的包产到户予以肯定和支持。对这种充满生机与活力的农业生产方式，邓小平后来评价说：革命是解放生产力，改革也是解放生产力，中国农村改革的发明权属于农民。

从 1982 年到 1986 年，中共中央连续发出 5 个"一号文件"，反复肯定了包产到户这一联产承包责任制的生产形式。

1982年至1986年，中共中央连续发出5个有关农村政策的"一号文件"

1984 年 10 月 1 日，在建国 35 周年的庆典上，满心欢喜的中国农民簇拥着"一号文件"和"联产承包好"的彩车出现在天安门广场。

到 1984 年底，全国各地建立了 9.1 万个乡（镇）政府、92.6 万个村民委员会。至此，人民公社终于退出了历史舞台。中国农村 99% 的生产队选择了家庭联产承包责任制，统分结合的农业经济新体制在全国范围内逐步形成。

这场渐进式的农村改革，赋予了小岗这个并不起眼的小村庄新的意义，小岗已不是原来意义上的小岗村了，它成了一个符号、一个象征、一种精神：敢为天下先。

与安徽省凤阳县小岗村不同的是，当小岗村村民正在为吃饭发愁之时，与之相距数百公里的江苏华西村的固定资产已达 100 万元，银行存款 100 万元，另外还存有 3 年的口粮，这些数字在当时即使放在全国也是令人羡慕的。但两个村有一点却是相同的，小岗村的"大包干"是偷偷进行的，华西村起家的五金小工厂也处于"地下"状态，二者都要冒不小的风险。

联产承包责任制在全国实行以后，长期困扰中国的温饱问题初步解决的同时，劳动力过剩的问题日渐突出，这种矛盾在人多地少的长江三角洲地区尤为尖锐。这些富余劳动力的出路在哪里？华西村小五金厂"叮叮当当"的敲击声，给出了答案。连华西村的领头人吴仁宝自己也不会想到，他偷偷摸摸张罗起的小五金厂所代表的"乡镇企业"日后将冲破计划经济体制的岩层，成长为参天大树，支撑起国民经济三分之一的江山。

在中国的改革初期，"乡镇企业"并不仅仅代表乡村集体企业，它是一个比较笼统的概念，包括乡、镇、村办的集体企业，农民组办、联户办和个体的企业。

乡镇企业发展初期，它在全国的工业总产值中所占的比重微不足道，但毕竟在坚如磐石的国民经济计划中打开一个缺口，这自然引起了方方面面的指责，诸如"挖社会主义墙角"、"助长了不正之风"等，媒体就常有乡镇企业"以小挤大"、"以落后挤先进"的指责。

20 世纪 80 年代初，费孝通教授通过对苏南等地的调查，得出了自己的结论：社队工业是农民摆脱贫困的必由之路。费孝通旗帜鲜明地支持社队工业的发展："我们应当提倡'大鱼帮小鱼，小鱼帮虾米'，要求大中城市的工业帮助、促进农村社队工业的发展。"

1982年春节前夕，费孝通到江苏吴江县
开弦弓村搞社会调查

由于历史传统、地理位置、具体做法的不同，中国的乡镇企业有着各自的特点。费孝通概括出了理论界普遍认可的乡镇企业"苏南模式"、"温州模式"、"珠江模式"，等等。

1984 年中央 4 号文件将社队企业正式改称为乡镇企业，对家庭办和联户办企业及时给予了充分的肯定。至此，乡镇企业结束了初创阶段，进入了一个全面发展的新的历史时期。

1987 年 6 月，邓小平在会见南斯拉夫共产主义者联盟中央主席团委员科罗舍茨时指出："农村改革中，我们完全没有预料到的最大的收获，就是乡镇企业发展起来了，突然冒出搞多种行业，搞商品经济，搞各种小型企业，异军突起。"

由农民自发搞起来的中国的乡镇企业，相对于国营企业的确是一支"异军"，因为在计划经济的思路下，乡镇企业是对计划经济体制的反叛。而且，乡镇企业构造了一种与计划经济不同的经济运行机制——市场机制，它为中国的城市经济改革"突出重围"开辟了道路。

人们把联产承包责任制和乡镇企业称为"中国农民的两项伟大创造"，因为它们的诞生来自农民的智慧，这两项创造不仅使中国农村的面貌发生了深刻的变化，而且对中国的全面改革产生了深远的影响。

1979年1月1日，中美两国首脑互致贺电，祝贺两国正式建立外交关系。

时任新加坡总理的李光耀敏感地意识到，这是中国开放的信号。对这一刻，他这样评价：中国开放的大门以后恐怕再也关不上了。

但是，改革开放要找到一个突破口，一个风险不大的试验场。划出一块不大的地方，放手试验，万一失败也不要紧，可以为改革开放探路。那么，到底该在哪里试验呢？

1979年4月，中央工作会议召开。与会的习仲勋、杨尚昆等向中央汇报，提出多给广东一点自主权，利用毗邻港澳的有利条件实行特殊政策和灵活措施，在深圳、珠海、汕头兴办出口加工区，加快对外开放和经济建设的步伐。

这个想法得到邓小平的赞同。他建议出口加工区可以叫特区。邓小平对广东省委第一书记习仲勋说："中央没有钱，可以给些政策，你们自己去搞，杀出一条血路来！"

"特区"二字，一锤定音，而"杀出一条血路"则是道出改革开放披荆斩棘、冲出重围的点睛之语。

1979年7月15日，中共中央、国务院下发中发〔1979〕50号文件——《中共中央、国务院批转广东省委、福建省委关于对外经济活动实行特殊政策和灵活措施的两个报告》，决定对广东、福建两省实行

"特殊政策、灵活措施"，并在深圳、珠海、汕头、厦门创办"特区"。

1980 年初冬，66 岁的任仲夷受命赴任广东，担当对外开放的"闯将"。

封闭已久，乍一开放，一时泥沙俱下。有些人"求富"心切，不顾党纪国法铤而走险，广东、福建两省各种经济犯罪活动一下子泛滥起来，引起了国人震惊。其中，最为突出的是个别沿海地方的走私贩私：渔民不打鱼、工人不做工、农民不种地、学生不上学，一窝蜂地在公路沿线、街头巷尾兜售走私货。

1982 年 2 月 21 日到 23 日，中央书记处在北京召开了广东、福建两省座谈会，专题研究打击走私贩私、贪污受贿问题。但是，有些人片面地把问题产生的原因归罪于改革开放本身。如果顶不住压力，刚刚打开的对外开放局面就可能夭折，从而使改革走回头路。

在关键时刻，任仲夷提出要"坚定不移地进行改革开放"，并且提出了一个响亮的口号"排污不排外"。面对各种责难，任仲夷针锋相对地说："搞特区不是走资本主义道路，不会损害社会主义，而是大大地

邓小平听取深圳蛇口工业区责任人袁庚介绍情况

有利于社会主义。"

在任仲夷的带领下，广东出现了诸多"第一"：第一批"香港游"从广州出发到香港；率先物价闯关；最早利用外资建造的五星级酒店"白天鹅宾馆"全面营业……其中，一个更大的手笔，则是给蛇口"放生"打造特区。

1984年1月24日，年已80高龄的邓小平抵达深圳，他想亲眼看看5年前自己画的那个"圈"到底发展得怎样。

1月26日，邓小平一行驱车来到深圳湾滨海的蛇口工业区。主持创办开拓工业区的闯将袁庚给邓小平介绍完蛇口工业区的建设情况后，试探性地说："我们还提出了'时间就是金钱，效率就是生命'作为整个工业区的口号。"

如今，这一标语早已作为改革经典语录，刷在许多企业的车间、厂房。

1984年1月28日上午，邓小平登上了珠海的罗三妹山。到了山顶后，有人建议他原路返回，老人摆了摆手，只说了语带双关的五个字："不走回头路！"寥寥数语，却意味深长，字字千斤。

8天后，邓小平在广州为深圳特区题词："深圳的发展和经验证明，我们建立经济特区的政策是正确的。"在最后的落款上，他特意把时间注为1月26日，表示在深圳的最后一天时，就已经有了这个评价。经济特区没有让

邓小平为深圳经济特区题词

邓小平失望，也进一步坚定了他推动改革开放的决心。从南方回到北京之后，邓小平同几位中央领导人谈话时说："我们建立经济特区，实行开放政策，有个指导思想要明确，就是不是收，而是放。""除现在的特区以外，可以考虑再开放几个点，增加几个港口城市，如大连、青岛。"

1984 年 4 月，大连、青岛、烟台、上海等 14 个沿海城市开放。开放由点连成了线，经济特区和沿海开放城市，成为中国经济最活跃的区域。

1985 年 2 月，长江三角洲、珠江三角洲和闽南厦门、泉州、漳州三角地区又被开辟为沿海经济开发区，由线到片，中国对外开放格局向纵深挺进。

三、迈步从头越

20 世纪 80 时代，世界发生了深刻的变化，许多国家都经历了经济政策的大调整。此时的中国，计划经济的闸门已被撬开，但此时人们对于"市场"二字的认识还不够深入，中国将在计划与市场引发的观念碰撞中继续摸着石头过河。

1982 年 9 月 1 日，中国共产党第十二次全国代表大会在北京召开。

在大会开幕词中，邓小平说："我们的现代化建设必须从中国实际出发，把马克思主义的普遍真理同我国的具体实际结合起来，走自己的道路，建设有中国特色的社会主义，这就是我们总结长期历史经验得出的基本结论。"

"走自己的路"，邓小平表达了探索自己道路的思想，此后20多年间中国不断出现的制度创新从这简短有力的5个字中获得了信心和勇气。然而，人们当时的主论调依然是"计划经济为主、市场调节为辅"，对于"市场"二字的认识还有很长的路要走。

到1984年，农村改革取得初步成功，在国有经济之外造就了一支活力很强的经济体，它不仅成为国有经济的强大竞争对手，而且从外部对国有经济构成了压力。

这一年，经济改革重心开始从农村向城市转变。

10月1日，中国迎来了第35个国庆节。在广场上"小平您好"标语的辉映下，站在天安门城楼的邓小平作了讲话："当前主要的任务，是要对妨碍我们前进的现行经济体制进行有系统的改革。"

邓小平所说的"妨碍我们前进的现行经济体制"，就是计划经济体制。

1984年10月20日，十二届三中全会通过了《中共中央关于经济体制改革的决定》（以下简称《决定》），首次提出了社会主义经济是公有制基础上的有计划的商品经济的论断。在社会主义国家里，第一次以中央决议的形式，承认了市场的作用，提出了要发展商品经济，这是中国共产党和社会主义中国的伟大创举。

今天看来，《决定》没有直接提出市场经济，而是用了"在公有制基础上的有计划的商品经济"，它还带有特殊历史阶段的局限性，但是在那个年代，这一理论创新带来的进步和激发的改革能量极其巨大。

在这个《决定》里，明确提出了今后政府原则上不再直接管理企业。但是，长期在计划经济体制下，习惯了由国家包办一切的国有企业，走向市场的道路无疑是艰难的。

1983 年 3 月 23 日，在"福建省厂长、经理研究会"的成立大会上，55 位厂长、经理就以《请给我们"松绑"》为题联名向当时的省委书记项南、省长胡平写了一封公开信，希望得到"必要的权力"，主要有企业人事任免权、财权以及企业自营权。

第二天，《请给我们"松绑"》在《福建日报》头版头条全文刊登。1 周后，《人民日报》在二版头条显著位置，发表《对 55 位厂长、经理的呼吁福建有关部门继续作出反应》的报道，至此，全

1984 年 3 月 24 日，《福建日报》头版头条全文刊登55位厂长、经理的呼吁书《请给我们"松绑"》

国报纸纷纷转载、评论，"松绑新闻"成为国营企业改革史上的一个标志性事件。

公开信发布不久，福建省政府连续下发了 7 个文件落实企业自主权。

相比福建 55 位经理、厂长联名上书呼吁政府"放权"，河北石家庄的马胜利的举动更为惊人。

1984 年，石家庄造纸厂业务科长出身的马胜利毛遂自荐，立下年缴 70 万元的"决心书"，承包了连年亏损的石家庄造纸厂。第一年承包期满，造纸厂创下了高达 140 万元的利润。第三年，这个数字达到了 560 万。

马胜利很快成为当时国有企业改革的风云人物，许多处在困境中的国有造纸厂纷纷找上门来要求马胜利承包。1988 年 1 月 19 日，"中

国马胜利纸业集团"在锣鼓喧天中成立。然而，没有严谨的实地调研，加上管理、资金、人才方面的欠缺，"纸业集团"4个月后即告失利。

马胜利的承包旋风和集团化梦想，多少带有个人英雄主义的色彩。但是，它也启示人们，国有企业的改革不可能一蹴而就，承包制只是国有企业改革的初步探索。

于是，股份制作为另一种改革形式走进了中国社会。最早吃股份制这只"螃蟹"的是特区的企业。1983年7月，在深圳市宝安县诞生了新中国的第一家股份制企业——宝安县联合投资公司。

1986年11月14日，邓小平会见了纽约证券交易所董事长范尔霖。范尔霖给邓小平带来了两件特殊的礼物：纽约证券交易所的股票和证章。在中国，股票作为资本主义的象征长期受到批判，邓小平会怎样看待他的这两件礼物呢？

出人意料的是，邓小平不仅收下了范尔霖的礼物，还回赠了他一件更有意义的礼物：新中国刚刚上市的第一支股票——飞乐音响股票。邓小平告诉他，他是唯一的外国股东。范尔霖高兴地说，我很荣幸成为社会主义企业的第一个美国股东。

上海飞乐音响公司股票

此时中国已有股份制企业6000多家，股份制被初步证明是颇具生机和活力的经济形式，但这距离真正的资本市场还有很长的路要走。

在当时的上海市长江泽民的支持下，上海证券市场正式开张。今天，上海申银万国证券公司已成为世界上较有影响的证券公司之一。

1990 年 12 月，上海股票交易所成立。1991 年 4 月，深圳股票交易所成立。

越来越多的曾被认为是资本主义特有的东西，得到了重新认识，并且在我们的经济生活中，扮演着越来越重要的角色。

"摸着石头过河"，是对中国改革形象的描述。1980 年 12 月 16 日，陈云在中央工作会议上发表了《经济形势与经验教训》的重要讲话。在这次讲话中，陈云指出："我们要改革，但是步子要稳。因为我们的改革，问题复杂，不能要求过急。改革固然要靠一定的理论研究、经济统计和经济预测，更重要的还是要从试点着手，随时总结经验，也就是要'摸着石头过河'。开始时步子要小，缓缓而行。"

在 12 月 25 日的闭幕会上，邓小平明确表示完全同意陈云的讲话。因为中国建设社会主义既无先例可循，也不能照搬"本本"，要减少失误，稳妥的办法就是"摸着石头过河"。

中国的改革就是这样一种新旧力量并行的"渐进增量改革"，因此，改革每渡过一个关口，必然遭遇激流，掀起波澜。

价格改革，就是改革进程中绕不过的一个漩涡。

在上世纪，一种生产资料存在两种价格，一是国家掌控的"计划内价格"，一是市场化的"计划外价格"。这在当时被称为"双轨制"。

但是，在生产资料相对匮乏的条件下，市场价格大大高于计划价格，也为权力介入市场活动、以权谋利打开了方便之门，成为滋生腐败的温床。

于是，一种特殊职业——"倒爷"应运而生了。各种国家统配物资，通过各种渠道流向市场，国家指令性计划彻底失去了严肃性。规规矩矩、遵守国家调控计划的国营企业成为受害者，相反破坏规则者却从中获益。这成为经济持续、稳定增长的严重障碍。

"双轨制"不仅造成巨大的经济损失，更严重的是败坏了良好的社会风气，严重损害了政府的威信，激起老百姓极大的不满。

1988年，中国高层领导对价格改革下定了最大的决心：加快价格闯关，长痛不如短痛！

但"闯关"必然伴随着风险。在计划经济时代，价格由国家规定，一直没有太大波动。那时，在人们的观念里，稳定的物价被看成是社会主义的优越性。

在这种观念影响下，人们对物价上涨的心理承受能力是十分有限的。为了给"闯关"做准备，国家从4月份起，率先放开了猪肉、蔬菜、鸡蛋、白糖、烟、酒等生活必需品的价格。

这些商品的市场价格在短时间里就上涨了两位数的百分点。涨势凶猛的物价令百姓不安，社会心理渐趋紧张。

1988年8月19日清晨，中央人民广播电台播发"价格闯关"的消息。这则消息好似在一堆干柴上放了一个火把，已成"惊弓之鸟"的百姓误以为9月1日物价要全面放开，新一轮大涨价即将开始，于是一窝蜂地涌进商场，掀起了一场全国性的抢购风潮。

这场抢购风潮之烈，波及面之广，盲目性之大，在中国改革史上实为罕见。从8月中旬起，抢购风席卷全国城市和部分乡村，涉及50个大类500多种商品，大到几千元的高档商品，小到各种易消耗的便宜货，均在抢购之列。

与抢购同步的是银行的挤兑，不仅挤兑活期存款，还挤兑未到期的定期存款。8月份城乡储蓄存款减少26.1亿元。有的地方因银行不能及时支付，群众在愤怒之下把柜台推倒。

1988 年 9 月 30 日，国务院召开常务会议，发出《关于做好当前物价工作和稳定市场的紧急通知》，随着一系列强有力措施的落实，抢购风潮慢慢平息。这个紧急通知虽然没有明确使用"治理整顿"的提法，但在客观上成为三年治理整顿开始的标志。

1988 年 9 月 26 日至 30 日，中共十三届三中全会在北京举

1988年10月，国务院采取一系列措施稳定物价，惩治"官倒"，整顿经济秩序

行，全会批准了中央政治局提出的"治理经济环境、整顿经济秩序、全面深化改革"的指导方针和政策、措施。

全会确定，在随后的两年中把改革和建设的重点突出地放到治理经济环境和整顿经济秩序上来。后来由于国际和国内多种因素的冲击和影响，治理整顿一直持续到 1991 年底。

三年治理整顿，犹如一把"双刃剑"，既取得了有效的积极成果，也带来了一系列负面效应。

但就价格改革来说，却创造了一个比较宽松的经济环境，"双轨制"中计划价格和市场价格之间的差额大大缩小。

四、疾风知劲草

在改革初期，姓"社"姓"资"的阴影还缠绕着人们，传统观念的

险滩，常常让率先过河的无辜者遭殃。随着改革开放兴起的个体经济曾遭遇数次挫折，其原因在于不同时期对于个体户存在合法性的质问。1982 年，一批改革开放后最早开始闯荡市场的弄潮儿，掀起了一场"八大王"风波。

所谓"八大王"，不过是浙江温州柳市镇 8 位从事不同行业的个体户。1982 年 8 月的一天，被称为"螺丝大王"的刘大源早起上街，感觉后面有人盯梢。大街上张贴的"狠狠打击经济领域中严重犯罪活动"的大幅标语，让他暗自心惊。于是，他趁人不备跳上一只机动小木船，开始了长达 3 年的逃亡生涯。

不太走运的其他 7 人，先后作为重大经济犯罪分子被捕入狱。"枪打出头鸟"，"八大王"作为倒下的"靶子"，让刚刚活跃的个体经济遭遇了第一次寒流。一时间，刚刚红火起来的工厂关门了，商店收摊了，人人自危。

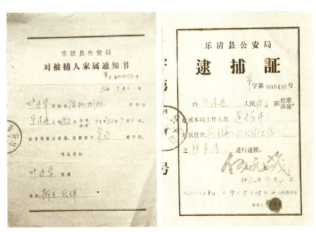

"八大王"一案相关历史档案

一叶落知天下秋，这一切引起了中央的高度重视。1983 年 8 月 30 日，时任中共中央总书记的胡耀邦在中南海和 300 多名集体经济、个体经济的代表座谈，主题是《怎样区分光彩和不光彩》。

胡耀邦鼓励个体户们，从事个体劳动是光彩的，凡是为国家和人民作出了贡献的劳动者，都是光彩的。这一观点在全社会产生了巨大的影响，"八大王"的命运再一次发生了逆转。

1984 年，"八大王"无罪释放，得以平反。平反成为一个讯号，温州经济发展跨过第一道鸿沟，开始步入新的天地。

当浙江的"八大王"与计划经济"对着干"的时候，在安徽有一位名气更响的个体经营者，这就是芜湖的"傻子"——年广久。

1981 年 9 月，瓜子生意越做越大的年广久雇了 4 个帮手。随着经营不断发展，到 1983 年初，其雇工人数逐渐增加到 100 多人。从一家个体户发展到如此规模的私营企业，只用了两年多时间。

也就在此时，关于年广久的议论更加沸沸扬扬。早在两年前，当年广久雇用了 12 个人的时候，"安徽有个年广久，炒瓜子雇用了 12 个人，算不算剥削"的争论，在中国经济理论界已经流传开来。两年过去了，雇工增加到 100 多人，指控年广久是"资本家"，"妄图复辟资本主义"的呼声更加高涨。从安徽到中央，要对年广久"正本清源"的呼声传到了邓小平那里，邓小平说：

"前些时候那个雇工问题，相当震动呀，大家担心得不得了。我的意思是，放两年再看。那个能影响到我们的大局吗？如果你一动，群众就说政策变了，人心就不安了。你解决了一个'傻子瓜子'，会牵动人心不安，没有益处。让'傻子瓜子'经营一段，怕什么？伤害了社会主义吗？"

此后，私营业主雇用大量劳动力在舆论上不再存在争议，私营企业蓬勃发展起来了。

1987 年 10 月，中共第十三次全国代表大会指出："社会主义初级阶段的所有制结构应以公有制为主体。目前全民所有制以外的其他经济成分，不是发展太多了，而是发展不够。对于城乡合作经济、个体经济和私有经济，都要继续鼓励它们发展。"

1988 年 4 月，七届全国人大一次会议通过《中华人民共和国宪法修正案》，"私营经济"的提法第一次出现在中国的根本大法中。

6 月 25 日，国务院发布《中华人民共和国私营企业暂行条例》。次年底，全国第一次工商登记，私营企业如雨后春笋般冒出来，一下子达到了 9.06 万户。

1988 年，敏感的观察者捕捉到了中国改革将会向纵深发展的信息。但是，现实问题不容乐观。计划与市场并存的价格双轨制，带来的恶果越发严重，腐败滋生，通货膨胀，抢购成风，造成经济秩序和人心的混乱。

1989 年的春天，北京很不平静。西方的一些政治势力和国内的资产阶级自由化思潮遥相呼应，活动频繁，充满希望的改革大业面临夭折的危险。

邓小平发出了警告。2 月 26 日，他对来访的美国总统布什说："中国的问题，压倒一切的是需要稳定。离开中国的稳定就谈不上改革和开放。"

但是，一场政治风波还是在这一年的春夏之交发生了。

风波之后，中国的改革将如何发展？世界的目光再一次聚集到了总设计师邓小平的身上。

1989 年 6 月 9 日，邓小平接见首都戒严部队军以上干部并发表重要讲话，指出：以后我们怎么办？我说，我们原来制定的基本路线、方针、政策，照样干下去，坚定不移地干下去。

中国的政治风波过去了，国际局势却发生了重大变化。

20 世纪 80 年代末 90 年代初，东欧剧变，苏联解体，世界社会主义运动遭受严重挫折。世界政治版图的激烈变化，让许多中国人陷入了困惑。

苏东剧变给中国的改革蒙上一层浓重的阴影，有人认为是苏联改革引发的，并由此认为改革开放就是在引进资本主义，股份制改革被指责为私有化潜行，市场调节被指责为资本主义入侵。

1989 年下半年，全国个体户注册数减少了 300 万，私营企业减少一半以上。1990 年，中国国民经济出现了改革开放以来第一次增长速度放缓。

这一切引起了改革开放总设计师邓小平的极大忧虑。

1991 年 2 月 15 日，上海《解放日报》发表了一篇署名"皇甫平"的评论文章，题为《做改革开放的带头羊》。3 月 2 日、12 日，4 月 12 日，上海《解放日报》又在一版头条位置，以"皇甫平"的署名连续发表了 3 篇评论：《改革要有新思路》、《扩大开放的意识要更强些》、《改革需要大批德才兼备的干部》。

这几篇评论文章表达的观点在当时很有冲击力，概括起来主要是：

一是要坚持改革，"何以解忧？唯有改革"。

二是不要陷入姓"社"姓"资"的争论，要敢为天下先。文章说："如果我们仍然囿于姓'社'还是姓'资'的诘难，那就只能坐失良机。"

三是提出在市场经济问题上要解放思想。文章说："计划和市场只是资源配置的两种手段和形式，而不是划分社会主义与资本主义的标志。资本主义有计划，社会主义有市场。"

"皇甫平"的文章发表后，很快引起人们的注意，人们纷纷传阅，一度成为北京知识界的见面话题。

争论持续了 1 年多。争论中，改革放慢了步伐，甚至出现了停顿和倒退，中国的发展慢了下来。

对此，邓小平提出：不要搞争论。他用几句简单的话说清了一个道理："不争论，是为了争取时间干。一争论就复杂了，把时间都争掉了，什么也干不成。"

这个颇为神秘的"皇甫平"，对于后来邓小平的南方谈话这样说：

邓小平看了1年，感觉到如果不走到台前，发表谈话，很多理论的混乱、思想的混乱就难以统一。所以他抓到了历史的关键时刻，就是1992年初，在我们党正在筹备召开十四大，正在准备十四大的政治报告和确定十四大党和国家领导人人选的时候，小平同志到南方视察了。

1992年春天，全世界都从一位老人的身上感受到了惊人的朝气。88岁的邓小平再次来到中国的南方。1个多月时间里，他在武昌、深圳、珠海、上海发表了多次重要谈话。10多年后，当人们再次聆听这些朴素的话语，依然能感受到深深的震撼：

邓小平说："看准了的，就大胆地试，大胆地闯。"

　　"中国的事，只要不搞社会主义，不搞改革开放，发展经济，逐步地改善人民的生活，任何一条路都是死路。""改革开放胆子要大一些，敢于试验，不能像小脚女一样。看准了的，就大胆地试，大胆地闯。"

　　"计划经济不等于社会主义，资本主义也有计划，市场经济不等于资本主义，社会主义也有市场。计划和市场都是经济手段，计划多一点，还是市场多一点，不是社会主义与资本主义的本质区别。"

　　"各方面工作的是非标准应该主要看是否有利于发展社会主义社会的生产力，是否有利于增强社会主义国家的综合国力，是否有利于提高人民的生活水平。"

　　邓小平在南方视察期间发表的谈话，后来被收录在《邓小平文选》中，成为邓小平理论的重要组成部分，对社会主义理论的创新具有里程碑的意义。

　　1992 年南方谈话，成为邓小平毕生事业的巅峰之作，也为中国的改革开放开启了第二个春天。1992 年的春天，中国发展的方向再次明朗起来。南方谈话在重要的历史关口，使得中国这条航船能够继续沿着改革开放、现代化建设的航向前进。

　　有人说，在中华民族伟大复兴的征途上，推翻封建帝制的孙中山，为中国打开了思想进步的闸门；建立起新中国的毛泽东，让中国人民站了起来；而挽救了社会主义的邓小平，为中国找到了一条使国家强盛、人民富裕的道路。

第五章
世纪跨越

（1992 ~ 2002）

一、风破万里浪

1990 年 4 月 14 日，李鹏总理视察上海。18 日，他在上海大众汽车公司成立 5 周年庆祝大会上宣布：中共中央、国务院同意上海开发浦东、开放浦东，原则批准在浦东新区实行经济技术开发区和某些经济特区的政策。

从这一天开始，浦东开发开放的帷幕拉开了。上海再一次成为国内外瞩目的焦点，中国的改革开放也由此翻开了崭新的一页。

该年 6 月，中共中央、国务院正式发出《关于开发和开放浦东问题的批复》，指出：开发和开放浦东，是进一步实行对外开放的重大部署；开发开放浦东，必将对上海和全国的政治稳定与经济发展产生极其重要的影响。

1990 年 9 月 22 日，第十一届亚洲运动会在北京开幕。37 个国家和地区的运动员参加了这次盛会，创下了亚运会参赛国家和地区数量的新纪录。举办亚运会掀起的热潮和快速增长的经济，对外释放的是中国将进一步开放的信号。

细心的外国观察家发现，一度被贬为"资产阶级腐朽堕落"象征的选美，仅1992年就有50多场在中国各地竞相登场。此后类似的各种大赛层出不穷，礼仪小姐、葡萄酒王后、空中小姐等大赛……古老的中国在经济、文化等各个领域开始与世界接轨。

就在这一时期，很多后来在中国经济领域十分活跃的民营企业，也开始迅速成长。

1992年，浙江人王均瑶创办国内首家包机公司，被誉为"胆大包天"；四川人刘永好成立希望集团，这是中国第一个经国家工商局批准的私营企业集团；北大方正集团的王选研制成功世界首套中文彩色照排系统，成为新经济时代的先行者。

1992年10月12日，中国共产党第十四次全国代表大会召开。江泽民在大会上指出：我国经济体制改革确定什么样的目标模式，是关系整个社会主义现代化建设全局的一个重大问题，这个问题的核心，是正确地认识和处理计划与市场的关系。实践的发展和认识的深化，要求我们明确提出我国经济体制改革的目标是建立社会主义市场经济体制。

中共十四大在北京举行。江泽民代表中共十三届中央委员会向大会作报告

"社会主义市场经济"这个词汇，被郑重地写入中国历史，它为中华民族的伟大复兴指明了方向。

1993 年 3 月，采访八届全国人大一次会议的外国记者报道说："一位资本家成了中国的领导人。"这位"领导人"就是中国工商界的代表人物荣毅仁。经全国人大选举，荣毅仁就任中华人民共和国国家副主席。国际舆论评价道："荣毅仁是中国选择市场经济的象征。"从这一时期开始，跨国公司资本逐渐超过港澳资本，成为来华投资的主体。

经过 1 年多的酝酿和实践，1993 年的秋天，关于建立社会主义市场经济体制的思考终于瓜熟蒂落。

在 1993 年 11 月召开的十四届三中全会上通过的《中共中央关于建立社会主义市场经济体制若干问题的决定》，进一步确立了社会主义市场经济体制的框架。

然而，在中国这样一个传统深厚、人口众多的国家完成这场深刻的变革，将会走过怎样的艰苦历程呢？

1992 年 8 月 10 日，原本应该是个平常的日子，不会进入人们的记忆。然而，3 天前发布的一张公告打破了深圳的宁静。

十四届三中全会通过《中共中央关于建立社会主义市场经济体制若干问题的决定》

8 月 7 日下午，深圳市的各种传媒分别播发、刊登了《1992 年新股认购抽签表发售公告》，拉开了深圳市 1992 年新股发行序幕。当天下午，在深圳市 303 个即将发售认购抽签表的网点，已经有人开始排队。到了 8 日，操着各地口音、来自全国各地的人群，排成了前不见头后不见尾的长龙。

8 月 9 日是开始发售的日子，下午 4 时下起了倾盆大雨，但无人因此离开。至 8 月 9 日晚 9 时，500 万张新股认购抽签表全部发售完毕。但是，营私舞弊暗中套购认购表的行为被群众发现。很多人排了 3 天 3 夜队却没有买到，人们情绪激动，当晚数万人集结街头，游行示威。这一事件被称作 "8·10 股票风波"。

如今，人们已经习惯了股市的潮涨潮落，当年的这场 "8·10 股票风波"，是一次极端的抢购事件，背后透露出的是 1992 年独特的经济温度，它预示着中国经济改革迈入了一个巨变的门槛。

在股票市场热得烫手的时候，一个风光秀丽但不太为人知的小城广西北海成了房地产投资的热土。1 年之内，10 万人口的小城涌入了 50 多万淘金者和全国各地数百亿的资金，北海的楼价翻了几番，房地产公司冒出 1000 多家。同样的情况也在惠州、海南上演着，房地产成了继股票之后制造新富人神话的市场，全国出现了房地产开发热和开发区热。

刚刚开始建立市场经济体制的中国，很快就遭遇到一个曾多次出现过的难题：经济过热。1993 年，钢材、水泥、木材的价格比上一年上涨 50% 以上。这一年，全国消费品价格平均上涨 13%。到了 1994 年 1 月，钢材期货价格从每吨 3000 元上升到 4000 元，全社会零售物价指数上升了 20%。

消费者的恐慌和工人的不安加速了通货膨胀，粮食短缺的谣言引发惊慌失措的抢购和疯狂的囤积，粮价一下子提高了 50%。一路攀升的通货膨胀率，提醒着熟悉中国经济运行的人们，用传统计划经济的药方治理的结果是：一管就死，一放就活。如何才能既让经济冷却下来，又保持改革的动力，如何使中国的经济不出现大的震荡，平稳回落，协调好改革、发展和稳定三者的关系，这不能不说是对中国政府的一次严峻考验。

经过系统的调查和研究，1993 年 6 月 24 日，中共中央、国务院联合下发《中共中央、国务院关于当前经济情况和加强宏观调控的意见》，以整顿金融秩序为重点，提出了 16 条措施，中国经历了步入市场经济后的第一次宏观调控。

3 年后的 1996 年，通货膨胀率从最高时的 24% 降到了 8%，同时依然保持了 9.7% 的经济增长率。政府改变了以往行政命令的方式，更多地利用市场规律进行调控，过热的中国经济平稳回落，人们形象地把这次调控比喻为"软着陆"。

1997 年 2 月 20 日是农历正月十四，第二天就是元宵节，空气中还弥散着淡淡的年味。这一天，人们一早起来打开电视机，发现中央电视台的播音员身着深色西装和黑色领带播送新闻：2 月 19 日，小平去世了。

在生命的最后阶段，邓小平思维依然清晰，当医护人员问他还有什么话想说时，邓小平淡淡地说："该说的都说过了。"对邓小平来说，南方谈话就是他最后的政治嘱托。

作为 20 世纪后期对人类世界影响最大的几个人物之一，国际社会对邓小平逝世的反应是迅速而激烈的。联合国为他降半旗致哀，全世界近百个国家和地区政要发来唁电，许多重大的国际会议为他默哀，这在世界历史上是少见的。

与 21 年前中国失去伟人的那一时刻相比，邓小平最终让人们平静地接受了他的离去，这种状况正是他所希望的。

1989 年 11 月 13 日，邓小平在会见一个日本经济访华团的时候，宣布他要"百分之百地退下来"。第二天，《人民日报》在刊登这个消息的时候说，这是"邓小平会见最后一批外宾"。

邓小平希望，他身后的中国能够平静如常。但是，中国能够习惯没有伟人的日子吗？面对未来的不确定性，邓小平之后的中国，将会交出一份怎样的答卷呢？这个问题被外界解读为：中国能沿着邓小平开辟的道路走下去吗？

7 个月后，1997 年 9 月 12 日，中国共产党第十五次全国代表大会在北京召开，回答了人们心中的疑问。

江泽民代表第十四届中央委员会向大会作了《高举邓小平理论伟大旗帜，把建设有中国特色社会主义事业全面推向二十一世纪》的报

新一届中央政治局常委与采访十五大的中外记者见面。左起：江泽民、李鹏、朱镕基、李瑞环、胡锦涛、尉健行、李岚清

告。江泽民在报告中说：

"我们这次大会的灵魂，就是高举邓小平理论的伟大旗帜。十五大将无疑以这一点为标志载入史册。……坚持邓小平理论，在实践中继续丰富和创造性地发展这个理论，这是党中央领导集体和全党同志的庄严历史责任。"

大会把邓小平理论和马克思列宁主义、毛泽东思想一道确立为中国共产党的指导思想，并写入修改后的《中国共产党章程》，中国坚定而鲜明地亮出了指引未来道路的旗帜。

人们对于未来的一丝疑虑被消除了，前行的道路被廓清，尽管未来还有许多艰难险阻，复兴之路任重道远，但是中国将继续沿着邓小平开辟的道路义无反顾地走下去。

二、到中流击水

1997 年 6 月 30 日，香港下着滂沱大雨，世界把目光投向了这块英国最后的殖民地。全球 700 多家新闻媒体的 8000 多名记者云集港岛。

下午 4 时 20 分，末代港督彭定康举行了告别总督府仪式。下午 5 时 28 分，江泽民率领中国政府代表团抵达香港，这是百年来中国最高领导人首次踏上香港的土地。

当晚 11 时 59 分，英国国旗和英治香港旗在英国国歌《上帝保佑女王》的乐曲声中缓缓降下。英国在香港一个半世纪的殖民统治宣告结束。这时，距零点只差几秒钟，全场一片肃穆。

11 时 59 分 55 秒，英军最后一名士兵走出了威尔士亲王军营的大

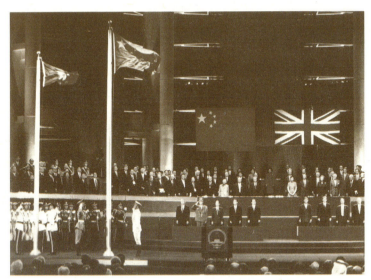

1997年7月1日，中国政府对香港恢复行使主权

门。这时，北京天安门广场上 10 万人跟随着"中国政府对香港恢复行使主权倒计时"牌发出了同一个声音："5 — 4 — 3 — 2 — 1 —"

1997 年 7 月 1 日零时零分零秒，中国人民解放军军乐队准时奏起了中华人民共和国国歌，中国国旗和香港特别行政区区旗一起徐徐升起。

从这一刻起，中国军队开始在香港地区执行防务。一段被鸦片和炮火熏黑的历史永远完结了。这一刻，相信许多人会想起提出"一国两制"伟大构想的邓小平，也会在耳边回荡起 1982 年 9 月邓小平与英国首相撒切尔夫人会谈时那句斩钉截铁的话："主权问题不是一个可以讨论的问题。"

对于中国来说，香港的回归是中华民族历尽苦难之后走上复兴之路的一个里程碑。一个长达一个半世纪、记录着中华民族苦难、屈辱和抗争的时代终于结束了，一个新的时代从此开始了。

1997 年 7 月 2 日，香港回归的第二天，全世界的目光依然被香港这颗"东方明珠"吸引着，而在泰国发生的一件事除少数专业人士外，并未引起多少人的注意。

这一天，泰国中央银行放弃了与国际金融炒家长达 6 个月的抗争，被迫宣布实行浮动汇率制。泰铢眨眼间就失去了五分之一的国际购买力，泰国政府被国际投机家一下子卷走了 40 亿美元。泰国人一大早醒来时突然发现，他们在一天之内骤然变穷，很多泰国人的腰包被掏了个精光。

泰国不过是这场金融风暴中倒下去的第一块骨牌，一场即将席卷亚洲的经济灾难由此拉开了序幕。这场索罗斯飓风迅速横扫到包括马来西亚、印度尼西亚、菲律宾等国的整个东南亚。在人们惊魂未定之际，这股来势汹汹的金融风暴迅速北上，矛头直指韩国和日本，结果这些国家的货币贬值此起彼伏，股市和汇市也纷纷"跳水"，东南亚金融风暴上升为亚洲金融危机。

为了扩大出口、缓解危机，亚洲一些国家在几个月内使自己的货币大幅度贬值，以维持本国出口商品的竞争力。在这种情况下，如果人民币贬值，就能维持中国的出口竞争力。但是，这样势必会使那些已经发生了金融危机的国家再发生新一轮的竞争性贬值，使整个亚洲地区的危机升级。人们发现，中国已经成为了抵挡这场凶猛洪水的最后一道堤坝。世界把目光聚向中国，人们关注的焦点是，人民币能否坚守防线不贬值？

1997 年 12 月，国家主席江泽民在出席与东盟首脑的非正式会晤时，首先就这一问题作出公开承诺：人民币不贬值。中南海向世界传达的坚定信号和切实行动，避免了亚洲国家经济的进一步滑坡，也为经济的恢复创造了重要条件。

亚洲金融危机中，中国表现出了稳定全球经济的能力，让外国观察家对中国经济刮目相看，也为中国赢得了世界声誉。

对于中国来说，1998年无疑是艰难的一年。亚洲金融危机的风暴尚未过去，自然界的惊涛骇浪又扑面而来。这一年，一场全流域、全国范围的洪水降临到了人们头上。事后统计，这场洪水无论水位之高，持续时间之长，还是造成损失的严重程度，都是一个世纪以来所罕见的。

在关键时刻，30多万"人民子弟兵"投入到了抗洪第一线。封堵九江决口、保卫荆江大堤、会战武汉三镇、保卫大庆油田和东北重镇哈尔滨成为这一年中国人难以忘却的记忆。

在这个国家坚强核心的领导下，20年改革开放积累的巨大物质成果和举国上下强大的组织动员力量，使得这场洪水驯服地沿着河道下泻到大海。

在人们讴歌抗洪精神的同时，不应该忘记的还有一种同样宝贵的时代精神：牺牲与自强。这种精神与"下岗"、"再就业"的字眼相连，它回荡在一首令无数人为之感动的歌曲里：《从头再来》。

到上世纪90年代中期，国有企业三分之一明亏，三分之一暗亏，三分之一盈利。国有企业该向何处去？公有制该向何处去？

1998年3月，国务院总理朱镕基在记者招待会上宣布：将用3年左右的时间，使大多数国有大中型亏损企

1998年3月19日，朱镕基总理在九届全国人大一次会议举行的中外记者招待会上

业摆脱困境，进而建立现代企业制度。三年改革与脱困历史性的第一步，选择了困难最大、亏损最重的纺织行业。

1998 年 1 月 23 日，有着 100 多年历史、中国最古老的机器纺织企业上海申新纺织九厂敲响了全国纺织行业"压锭"的第一锤。这一天，上海总共有 12 万锭纱锭报废回炉。在压锭现场，很多老工人当场泪流满面，她们中很多人进厂时还扎着小辫子，今天却不得不把这些与自己朝夕相处了几十年的机器砸掉。在她们心中，砸掉的不仅仅是纱锭，还有自己的青春和那个年代理想的见证。

短短几年间，上海的棉纺能力从历史最高时的 250 万纱锭减到 100 万纱锭，55 万在册职工中有 39.5 万人下岗，近 200 家老企业在关停并转中消失了。纺织行业的改革是国有企业改革的缩影，在痛苦与彷徨之中，国有企业开始在改革的熔炉中涅槃重生。

到 1999 年底，全国纺织行业共压锭 906 万锭，分流职工 116 万人，一举扭转连续 6 年的亏损，盈利 9.5 亿元，提前 1 年实现了三年脱困目标。到 2000 年底，国企三年改革与脱困目标基本实现。

《人民日报》刊载《中共中央关于国有企业改革和发展若干重大问题的决定》

2002 年 12 月 30 日，在中央电视台举办的"中国经济年度人物"评选活动颁奖晚会上，一批国有企业的领军人物成为人们关注的焦点。经过被经济学家们描述为"正在过大关"的三年改革，国有企业重新在中国经济版图中找到了自己的位置。

但是，在"抓大放小"的国企改革中，全国城镇下岗职工人数逐年增加，从 1998 年到 2001 年，全国国有企业下岗职工累计 2500 多万人，到了 2005 年，这个数字达到了 3500 万。

面对严峻局面，国家大力推进再就业工程，制定了"鼓励兼并，规范破产，下岗分流，减员增效和实施再就业工程"的方针。在制度层面，国家建立了国有企业下岗职工基本生活保障制度、失业保险、城市居民最低生活保障"三条保障线"和养老、医疗保险制度。各地普遍成立了"再就业服务中心"，帮助这些原本在国有企业工作的人们寻找新的生存之路。

但是，再就业和创业并不像在工厂车间拧螺丝钉那么轻松。当一切都要依靠自己的时候，这些曾经的"主人公"们发现，新生活的第一步竟然是那么难走。不过，人生的路，还是要走下去的。在迈出了艰难的第一步后，他们发现，走过去，前面就是一片蔚蓝的天空。

历史的篇章，不仅仅是用血与火的文字写成，有时也用汗和泪熔炼而成。也许，历史会将更多的空间留给精英阶层，但是数千万人的牺牲和奉献不应该被历史的尘埃湮没，当代中国的历史理应有这 3500 万下岗职工的位置。

三、青山遮不住

理论界认为，中共十五大把非公有制经济确定为"社会主义市场经济的重要组成部分"具有十分重要的历史意义，它冲破了所有制崇拜。有人用"给点阳光就灿烂"来形容个体、私营经济的发展，十五大对他们来说，不啻阳光雨露。

1997年末，河北省徐水县发生了一件新鲜事：一家戴上了"红帽子"的企业又摘掉了"红帽子"，一时吸引了众多媒体的注意。徐水县建中玛钢厂原是一家私营企业，几年前登记为"集体企业"，现在又重新登记，挂出了私营企业的牌子。前来调查的《人民日报》记者发现，这位老板的行动和心态在河北省个体私营业者中有着广泛的代表性。第二年7月，河北省省会石家庄市96家挂靠集体企业的私营企业摘下了"假集体"帽子。

1999年，"非公有制经济是社会主义市场经济的重要组成部分"被郑重地写入了修改后的宪法，国家以根本大法的形式，确定了多种所有制经济共同发展的基本经济制度。

人们注意到，与中国建立市场经济体制遥相呼应的，是中国非公有制企业的迅猛发展。改革开放以来中国个体、民营经济平均每年增长速度达到20%。到2000年底，个体、民营经济比重占GDP的50%，每年GDP增长的60%靠个体、民营经济增长拉动，全国民营企业达到400多万个，从业人员接近2亿。对许多下岗职工来说，个体、民营经济成为他们"从头再来"的新天地。这不仅是他们的希望，也是中国完善市场经济的希望。

1997年，中国农民在改革开放初期创造的村民自治制度开始引起国际社会的关注。几乎与家庭联产承包责任制同时诞生的村民自治制度——后来被称为"海选"，堪称中国农民的又一个伟大创举。

1992年1月3日，吉林省梨树县双河乡平安村举行了一次别开生面的村委会换届选举：不定调子、不划框子，海阔天空地选。第一轮投票下来，全村选民共提名候选人 81 名，经过 4 轮秘密投票，新一届村委被选举出来了。一位参加全程投票的村民感慨地说："选主任像大海里捞针，选上真不易呀！"

吉林梨树县四大家村第四次村委会换届选举，
新当选的村主任发表就职演说

当时，平安村的选举经验并没有引起人们的注意，但是，梨树县的村民自治却引起了美国《新闻周刊》等国外媒体的关注。1993 年 5 月 4 日，中央 11 家新闻单位采访团赴梨树县采访，从此，"海选"这个词不胫而走。

在村民自治制度在农村全面推进的时候，中国城市也开始了社区居委会直选和社区自治。中国与国际社会在人权领域的合作、对话与交流得到了空前的发展，这与其说是与国际接轨的需要，不如说是中国社会自身发展的需要。

1997 年 10 月 27 日，中国政府签署了《经济、社会和文化权利国际公约》，1 年后又签署了《公民权利和政治权利国际公约》。观察家们认为，这是中国人权事业发展的里程碑式事件。

正如培根所说，时间是最大的改革家。人类所面临的最大敌人，不是别的，正是时间。时间不是抽象的，而是由一系列非连续的必然、偶然事件组成的"绵延之流"。

1997 年 11 月 8 日下午 3 时 30 分，随着最后一车石料倾入江中，举世瞩目的三峡工程胜利实现大江截流，中华民族又一个百年梦想开

江泽民在长江三峡工程大江截流仪式上发表重要讲话

始成为现实。

在人类文明史上，很少有哪条大江大河像长江和黄河这样，对一个民族和国家的历史产生过如此重大的影响。在中华民族 20 世纪以来的复兴史上，长江一直是杰出人物书写强国梦想和治国方略的地方。

新中国成立之初，让毛泽东念念不忘的就是长江。1956 年 5 月，63 岁的毛泽东畅游长江并写就了脍炙人口的《水调歌头·游泳》。"更立西江石壁，截断巫山云雨，高峡出平湖"，寥寥数语，描绘出了毛泽东治理长江的宏伟蓝图。然而，对于三峡大坝这样的超级工程，毛泽东始终是非常慎重的。有关三峡工程的论证一直持续到 1992 年。

1992 年 4 月 3 日，七届全国人大五次会议通过了关于兴建三峡工程的议案。1994 年 12 月 14 日，三峡工程正式开工。

从 1918 年孙中山提出开发三峡的宏伟设想，到 2008 年三峡工程建设完成，中国人用了 90 年左右的时间才将这个梦想变为现实，三峡工程将成为中华民族复兴之路上一个响亮的音符。

如果我们把目光从长江源头再向西移去，就会看到一条中国人略觉陌生的大河——雅鲁藏布江，这条从高原和深山峡谷中流过的大江也许是世界上最神秘的河流之一。

1998 年 10 月 9 日，一支由科学家和记者组成的科学探险考察队前往雅鲁藏布大峡谷，深入从未有人涉足的区域进行精确测绘。在普通人眼里，这不过是一次寻常的考察，但观察家们却从中读出了另一层含义，那就是中国重新把目光投向了广袤的、具有巨大发展潜力的西部。

1999 年 6 月 17 日，江泽民来到西安。这一天，他要在西安主持召开西北地区国有企业改革和发展座谈会，一个新世纪中国发展的大战略浮出了水面：实施西部大开发战略。作为一项影响中国未来的大战略，西部大开发涉及中国 685 万平方公里的国土以及约 3.7 亿人口，它对中国的深远影响将在长时段的历史发展中逐渐显现出来。

1999 年 11 月 20 日，中国成功地完成了太空飞船的首次试飞，这艘飞船被命名为"神舟"号。在新千年来临之际，这艘从酒泉卫星发射中心升空的飞船使人们再一次把目光投向了中国的西部。

但是，新的时代需要新的方式来推动西部大开发，"看不见的手"和"看得见的手"都会在这个大战略中找到自己的位置。

2000 年 3 月 15 日，朱镕基在九届全国人大三次会议举行的记者招待会上说，西部地域辽阔，交通不发达，西部大开发首先要进行基础设施的建设，现在我们已经把国家的投资大量向西部地区倾斜。

这一年，青藏铁路、西气东输、西电东送的工程建设全面铺开。2004 年底，"西气东输"工程建成投产，全线实现了商业运营，上海110 多万户居民用上了来自塔里木盆地的优质天然气。

"西气东输"工程全长约 4000 公里，这条横穿神州大地的巨大管道，成为西部大开发的一个生动注脚，人们从中解读到了西部大开发的战略意义：它一头为西部的发展注入了活力，一头为东部的腾飞提供了能源后盾。"西气东输"工程因此成为东西部协调发展的象征。

时间是最大的改革者，也是最终的评判者。在历史的长河中，西部大开发对中国的影响终将会凸现出来。伟大的历史事件总会对历史进程产生长远的影响，也许在几代人之后，人们才能发现西部大开发这个伟大历史事件的全部意义。

四、当惊世界殊

20世纪90年代，旧的国际体系已经崩溃，但新的体系尚未建立起来。大国竞技场上的博弈正在悄悄发生变化，西方世界逐渐对日益强大的中国收起了笑脸。随着中国力量的增强，"中国威胁论"频繁地出现在媒体上。

1990年8月，日本防卫大学副教授村井友秀在《诸君》月刊发表《论中国这个潜在的威胁》一文，将中国视为一个潜在的敌人。1992年8月26日，《纽约时报》发表了一篇题为《民族孤立主义使中国成为世界祸源》的文章。1993年，美国哈佛大学教授亨廷顿在《文明的冲突》一文中说："一个儒教和伊斯兰教的军事同盟已经处于形成过程之中……不久的将来冲突的焦点，将发生在西方和几个伊斯兰—儒教国家之间。"

事实上，早在20世纪90年代初期，面对苏联解体后世界局势翻天覆地的变化，邓小平就提出了中国处理国际事务的"二十八字方针"，即"冷静观察，稳住阵脚，沉着应付，善于守拙，决不当头，韬光养晦，有所作为"。中国更多地把目光转向自身，专注于国内的经济建设。

　　1999年，国务院总理朱镕基访问了美国，两国开始用"战略伙伴关系"来描述中美关系。但是，就在人们对中美关系抱以乐观态度的时候，一个意外事件震惊了世界。

　　当地时间1999年5月7日晚11时，北京时间5月8日凌晨5时45分，美国隐形战略轰炸机B-2A轰炸了中国驻南斯拉夫联盟大使馆。新华社记者邵云环，《光明日报》驻南记者许杏虎、朱颖夫妇不幸遇难，20多人受伤，使馆被炸成一片废墟。

　　遭袭仅仅15分钟，幸存的《人民日报》驻南记者吕岩松将消息通过海事卫星电话传到国内，《人民日报》成为第一个消息源，报社迅速向中央报告了这一重大事件。

　　在使馆被炸之后不到1个小时，江泽民迅速召集国家领导人开了一次紧急会议。7名

坐落在中国驻南大使馆院内的大使官邸被北约
导弹毁坏后的现场

政治局常委和中央军事委员会、外交部、国务院新闻办等相关部门的负责人都出席了会议。当天，中国政府发表严正声明，对以美国为首的北约的野蛮暴行表示严厉谴责和最强烈抗议。

　　5月9日，美国总统克林顿致信江泽民主席，表示道歉和哀悼之意。经过一系列外交斡旋与斗争，这一年的12月16日，中国政府和美国政府就赔偿问题达成协议。尽管中国和美国屡有碰撞交锋，但双方都认识到，保持接触和合作才符合双方的长远利益。2001年发生的"911"事件，使美国更加清楚地认识到：在国际事务中，美国需要中国的合

作。对中国而言，中国需要更快地融入世界。

一个多世纪以来，当沉睡的中国龙每一次摆动尾巴时，敏感的西方观察家都急切地认定，这条龙终于要苏醒了。对世界来说，这样的时刻终于到来了。

2001 年 7 月 13 日就是这样一个时刻，中国的成就和力量赢得了全世界的尊重。在莫斯科世界贸易中心，北京再次带着信心站到了世界舞台的最前沿，进行争夺 2008 年夏季奥运会申办权的最后较量。

这一刻，中国人的情绪是微妙而复杂的。1993 年，在摩纳哥最大的城市蒙特卡洛，北京曾经申办过 2000 年奥运会，却以两票之差败给悉尼，饱尝了遗憾的滋味。

因此，当时年 81 岁高龄的国际奥委会主席萨马兰奇先生郑重宣布："2008 年夏季奥运会主办城市——北京！"时，一阵滚雷似的欢呼声从现场北京奥申委代表团的席位上爆发出来。

北京天安门广场欢庆申奥成功

与之相呼应的，则是聚集在北京天安门广场和中华世纪坛的人们排山倒海的欢呼。这天晚上，近40万人自发来到天安门广场，欢庆申奥成功。

北京申奥成功，其意义已远远超越体育层面，它标志着世界对中国的接纳与认可。我们不得不承认，确实有一只"看不见的手"——世界历史逻辑之手在影响着中国每一步的历史进程。21世纪的中国不再孤立于世界之外，世界历史深深地镶嵌进中国历史之中，作为一只看不见的手，作为一种逻辑力量，施加着无处不在的影响。

2001年11月10日，在卡塔尔首都多哈中国再次成为世界关注的焦点。18时39分，会议主席，卡塔尔财政、经济和贸易大臣卡迈勒敲响木槌，宣布了本次WTO部长级会议通过了中国加入世贸组织的决定。

2001年11月11日，在卡塔尔首都多哈举行中国加入世贸组织签字仪式

这一刻，全世界清晰地听到了中国走向世界的脚步声，中国改革开放的崭新一页就此掀开。

这一天,"milestone(里程碑)"成了 WTO 各成员代表评价中国"入世"时使用最多的词汇。哥伦比亚代表甚至认为,这是国际社会在 21 世纪的第一个里程碑。

对于中国首席谈判代表龙永图来说,为了这一刻他已经等待了许多年:"中国 15 年的复关'入世'谈判,黑发人谈成了白发人。这一天,对中国来说是一个历史性的日子。"

加入 WTO 使中国之船真正驶进世界民族之海。中国走向世界,同时也意味着世界走向中国。如今,卡迈勒手中那把敲响历史之钟的槌子,安静地躺在中国国家博物馆的橱窗里。

申奥成功和加入 WTO,无疑是中国走上了社会主义市场经济道路后,一步步回到世界舞台的重要标志。而这些深刻变化的驱动力,无疑离不开伟大实践的理论创新。

2000 年是深圳经济特区建立 20 周年,江泽民在广东之行中,专门来到深圳视察。看到深圳的经济发展、城市建设和市民物质文化生活发生的巨大变化,江泽民无比高兴。但是一个全局性的问题在他的心中占据着更重要的位置,那就是:面对新形势新任务,如何切实加强党的建设。

考察期间,在一次党建工作座谈会上,江泽民说:"总结我们党 70 多年的历史,可以得出一个重要的结论,这就是,我们党所以赢得人民的拥护,是因为我们党作为中国工人阶级的先锋队,在革命、建设、改革的各个历史时期,总是代表着中国先进社会生产力的发展要求,代表着中国先进文化的前进方向,代表着中国最广大人民的根本利益,并通过制定正确的路线方针政策,为实现国家和人民的根本利益而不懈奋斗。"

2000年2月、5月，江泽民在广东、江苏、浙江和上海考察期间，提出和论述了"三个代表"重要思想

这是江泽民对"三个代表"重要思想的第一次表述，但是当时这段表述还没有一个正式的名字，并不像后来那样引人注目。随着时间的推移，其影响和分量却越来越重，思想解放和理论创新的伟力终于喷薄而出。

2001年7月1日，庆祝中国共产党成立80周年大会在北京隆重举行，江泽民在讲话中对"三个代表"重要思想作了全面阐述。

2002年11月8日，中国共产党第十六次全国代表大会在北京召开。江泽民对1989年十三届四中全会以来13年的实践经验进行了总结，他指出：

"这些经验，联系党成立以来的历史经验，归结起来就是，我们党必须始终代表中国先进生产力的发展要求，代表中国先进文化的前进方向，代表中国最广大人民的根本利益。……始终做到'三个代表'，是我们党的立党之本、执政之基、力量之源。"

继毛泽东思想、邓小平理论之后，"三个代表"重要思想被确立为党的指导思想，并写进了《中国共产党章程》，成为引领中国前进的旗帜。中国共产党再一次表现出与时俱进的创新能力。

如果说十五大确立了民营企业主的经济地位，那么党的十六大则正式赋予这个阶层以平等的政治地位。从民营企业诞生的 20 世纪 80 年代初算起，20 年间，这个阶层实现了从"有益补充"，到"重要组成部分"，再到"社会主义建设者"三个历史阶段的跨越。这是一个思想解放凯歌高奏的过程。这一年，许多民营企业主申请加入中国共产党。

引人注目的是，在十六大报告的结尾部分，有一个词汇连续出现了 5 次，这就是：中华民族伟大复兴。

这是一个民族燃烧了整整一个世纪的渴望。1900 年，当 20 世纪揭开帷幕的时候，古老的北京城遭遇了西方八国的入侵，清王朝无力抵抗，中国贫穷衰败，任人摆布，濒临亡国的边缘。"救亡图存"成为千千万万中国人苦心焦虑的问题。

终于，在告别这个世纪的时候，中国也告别了这个世纪曾经的苦难。世纪之交，中国人跨越的，绝不仅仅是一个时间的节点。伴随这

2002 年 11 月 15 日，新当选的中共中央总书记胡锦涛和中央政治局常委吴邦国、温家宝、贾庆林、曾庆红、黄菊、吴官正、李长春、罗干在人民大会堂第一次公开亮相

个国度一起迈入 21 世纪的，是中华民族伟大复兴的理想和中国人追求理想的坚定信念。

2002 年 11 月 15 日，新一届中央领导集体第一次出现在全世界面前。11 时 36 分，新当选的中共中央总书记胡锦涛和其他 8 名中央政治局常委出现在人们的面前。

这是共和国 53 年历史中值得纪念的一刻，最高权力在赞许声中平稳交接。聚精会神搞建设，一心一意谋发展，中国即将走进又一个崭新时代。

第六章

复兴伟业

（2002 ~ 2012）

一、为生民立命

2002 年 12 月 5 日，胡锦涛总书记率中央书记处的同志冒雪来到河北平山县西柏坡学习考察。外电将胡锦涛的这一举动，解读为新一届领导集体决心在新的历史时期重新"赶考"的誓言。

1949 年 3 月，在革命胜局已定的历史性时刻，在中共七届二中全会上，毛泽东用"两个务必"谆谆告诫全党："务必使同志们继续地保持谦虚、谨慎、不骄、不躁的作风，务必使同志们继续地保持艰苦奋斗的作风。"

3 月 23 日，毛泽东和党中央离开西柏坡前往北京。临行前，毛泽东打了一个一直为后人铭记的比喻：进京赶考，一定要考个好成绩，决不当李自成。他告诫全党，如果考不好，退回来就失败了。

在西柏坡的讲话中，胡锦涛把毛泽东"两个务必"的思想同新的实践结合起来，概括成三句话："权为民所用，情为民所系，利为民所谋"，"为民"成为执政党的根本指导思想。

对整个中国而言，一个新的征程开始了。

2003 年第一季度，中国经济增长率达到 9.9%，这个成绩创下了 1997 年之后的同期最高纪录，国际社会用"优秀"来概括中国经济的运行态势。按照这一推理，2003 年中国经济的前景令人乐观。

然而，一场意外的灾难不期而至。3 月 12 日，世界卫生组织发布了一个新发传染病的全球警报，该病以发烧和非典型肺炎为特征。3 天后，这种在世界范围迅速传播的严重急性呼吸道综合征被定名为传染性非典型肺炎（SARS）。

事实上，SARS 疫情最早出现在广东。2 月 3 日，广东省非典型肺炎医疗救治专家指导小组成立，时年 66 岁的钟南山任组长。2 月 12 日，新华社首次报道广东发生"非典"疫情，称发生病例 305 例，死亡 5 人。

3 月中下旬，SARS 快速蔓延，在不到 30 天的时间里，全国 26 个省区市相继出现疫情报告。北京、山西成为重灾区，高发期每天都有过百人发病，年龄最小的患者只有 4 个月。

危机，在毫无防备间到来，信息不畅、消息不实导致的猜测、疑惧和恐慌，比病毒蔓延得更快。在这个不寻常的春天，全世界的眼光都注视着中国。

4 月 14 日下午，就在疫情形势依然严峻的时候，胡锦涛来到了广州最繁华的商业街北京路，他的手和老百姓的手紧紧地握在了一起。中国共产党人用自己独特的方式传达了一个信息：无论疾病灾难、无论艰险困苦，他们将始终同人民在一起。

在中国大地上 600 多万与 SARS 抗争的医务工作者中，有 40 多人献出了宝贵的生命。"大医精诚"正是他们精神的写照。2003 年春天，

中国的领导人用言行表明：他们始终同人民在一起

无数中国人共同演绎了一个战胜病魔的故事。

2003 年 6 月 24 日，世界卫生组织宣布：解除对北京的旅行警告，同时将北京从"非典"疫区名单中删除。SARS，像幽灵一样突如其来，似乎又在一夜之间悄然消失。经历"非典"考验的 2003 年，中国经济仍然实现了 9.1% 的增长率，并首次进入世界贸易前三强。一面抗击"非典"，一面发展经济，香港《文汇报》用八个字来评价中国新一届领导集体执政的第一年：潮平岸阔，风正帆悬。那么，究竟是什么在推动着中国经济的持续发展？

2003 年 10 月 11 日至 14 日召开的中共十六届三中全会，在某种意义上给出了答案。全会通过了《中共中央关于完善社会主义市场经济若干问题的决定》。从"建立"到"完善"，中国人已经清晰地将这条道路表述为中国特色社会主义道路。

"艰难困苦，玉汝于成"，这是胡锦涛常讲的一句话。人类总是在解决问题中前进，并在新的征途上遭遇新的问题——发展的问题。一个半世纪的时光锻造的决不应仅仅是一列快速奔驰的经济列车。中国的未来在哪里？经济日益发展的中国人并没有放松对自己发展道路的思考，中国人民要让自己的国家更加协调、持续、科学、有序地发展。

在党的十六届三中全会上，胡锦涛提出了"科学发展观"这一重大战略思想，这是一项着眼于党和国家事业发展全局的重大战略思想。在这次全会上，胡锦涛说：

"树立和落实科学发展观，这是20多年改革开放实践的经验总结，是战胜'非典'疫情给我们的重要启示，也是推进全面建设小康社会的迫切要求。"

回望来路，鲜花满地。当中国在解决了"不发展"的问题后，就要面对发展带来的人文、资源、环境等问题。环顾当前的世界，这不仅是中国要面对的难题，也是世界共同面临的难题。

在几代人的不断探索中，中国创造了属于自己的独特的发展模式。2003年，科学发展观重要战略思想的提出，使中国特色社会主义道路的未来更加光明。

科学发展观继承和发展了党的三代中央领导集体关于发展的重要思想，对于全面建设小康社会、加快推进社会主义现代化具有决定性意义。今天，科学发展观凝聚着全党、全国各族人民的共识，已经成为引领中国发展的一面旗帜。

2001年春节，当年农村"大包干"的带头人，凤阳县小岗村村委会主任严宏昌贴出了一副对联："税费改革负担轻、发展经济劲头增。"这正是安徽农民心境的一个真实写照。它折射出了国家对解决"三农"问题的坚定决心。

很快，税费改革开始由安徽走向全国，这场改革使实行家庭承包责任制以来形成的"缴足国家的，留够集体的，剩下都是自己的"的农村分配格局被打破了，利益的天平开始向农民倾斜。但是，对新世纪的中国农村来说，税费改革仅仅是一个开始。

2004年，十届全国人大二次会议在北京召开，3月5日，温家宝代表新一届政府向人民汇报了履新后第一年的工作。在政府工作报告中，温家宝表示，要继续推进农村税费改革。他宣布：5 年内取消农业税。

事实上，农业税的取消比人们预计得更快。2005 年 12 月 29 日，十届全国人大常委会第十九次会议决定，废止 1958 年制定的《中华人民共和国农业税条例》。

十届全国人大常委会第十九次会议通过关于废止《中华人民共和国农业税条例》的决定

废止农业税标志着"工业反哺农业"时代的到来，也显示了中国进一步促进城乡协调发展的决心和力度。

2005 年的中国，全国依然有 4 万个自然村不通公路，一半的行政村没有通自来水，3 亿多农村人口的饮用水没有达到卫生安全标准；60% 以上的农户还没用上卫生厕所；2% 的村庄还没有通电。进入 21

世纪，城乡差距仍然在不断扩大。农村、农业、农民"三农"问题能否解决，成为衡量社会公平的一把标尺。

经过几十年的发展，国家实力的增长和社会现实的需要，都到了工业反哺农业的时候。

全国取消农业税后，国家财政收入减少 1250 亿元，此外国家还给农民提供种粮补贴。2006 年是取消农业税的第一年，这一年 8 亿农民可人均受益 140 元。为此，中央财政将为地方增加转移支付 782 亿元。

取消农业税，不仅仅意味着对农民和农业的扶持，还意味着从制度层面对农民权益进行保护。在世界面积第三大的国土上，缩小地区差距；在世界人口第一多的国家中，实现社会公平。中国政府用务实的态度点滴积累，营造起一个维护权利公平的制度环境。

古希腊哲学家普罗泰戈就提出："人是万物的尺度。"科学发展观以人为本的论述，是对马克思主义发展观的创新和发展。以人为本，绝不是一句空洞的口号。

胡锦涛指出："群众利益无小事，凡是涉及群众的切身利益和实际困难的事情，再小也要竭尽全力去办。"

从执政为民到以人为本，仿佛谜底的逐层揭开。以人为本，从尊重每一个个体的权利开始。

2004 年 7 月 1 日，历时 7 年制定的中国第一部行政许可法开始实施，成为依法行政、政务公开的法律保证，公民权利对公共权力形成约束，《中华人民共和国行政许可法》被认为是中国法制建设的重要里程碑。

2004 年，国家生活中的一件大事——《中华人民共和国宪法》的第四次修订完成，"公民的合法的私有财产不受侵犯"、"国家尊重和保障人权"被郑重地写入宪法。

民为邦本，本固邦宁。以人为本的科学发展观，让中华民族站在一个新的高度上。这个高度，来自于改革开放近30年的积累，来自于中国人建立在发展基础上的充分自信，来自于中国领导人对历史和未来的深刻认识。

二、和风谐雨来

在基本解决了不发展的难题之后，怎样才能实现经济社会的统筹发展？

2004年9月19日，中共十六届四中全会通过了《中共中央关于加强党的执政能力建设的决定》，在《决定》中，一个新名词——"社会主义和谐社会"引起了人们的关注。

2006年，一份全面指导未来5年中国发展的纲领开始实施。这就是《国民经济和社会发展"十一五"规划纲要》。这个《纲要》一出台就引起了人们的注意，它贯穿了科学发展观与和谐社会的理念。人们清楚地看到：它既谈国计、又论民生，国计紧扣民生。

这份《纲要》中最主要的指标有22个，其中反映经济增长的只有6个，反映人口、资源、环境的8个，反映公共服务和人民生活的8个。"城镇基本养老保险覆盖人数"、"新型农村合作医疗覆盖人数"这些原本似乎与经济无关的指标首次出现在《纲要》中，而且被列为"确保实现"的约束性指标。这是它与传统的五年计划最大的区别。

一些研究者认为，《国民经济和社会发展"十一五"规划纲要》宣告了中国经济增长模式的转变。

　　"十一五"规划实施的头一年，中国国内生产总值首次突破20万亿元大关，比上年增长了10.7%，创造了10年以来的最高增速。这一年，中国跃居为世界第四大经济体。自2003年以来连续4年的高增长意味着：中国经济进入了全新的黄金周期。

　　正如中国领导人所说：面对未来，我们站在一个新的历史起点上。这个新起点很快就到来了。

　　2006年9月，中共十六届六中全会召开，会议形成了一个纲领性文件——《中共中央关于构建社会主义和谐社会若干重大问题的决定》。

　　《决定》勾画出了一条促进社会和谐的科学发展之路，将中国特色社会主义事业的总体布局发展为社会主义经济建设、政治建设、文化建设、社会建设四位一体，"和谐"成为中国现代化建设的四个奋斗目标之一。时事分析家们认为，和谐社会的理念是从战略和全局的高度出发，为中国长远发展谋划蓝图，是借鉴传统文化和谐思想的有益成分而提出的重大战略思想。

　　正如胡锦涛所说：科学发展，社会和谐，是发展中国特色社会主义的基本要求，是实现经济社会又好又快发展的内在需要，必须坚定不移地加以落实。

　　2006年7月1日，美国《西雅图时报》发了这样一则报道："中国今天正式揭开了一项世界工程奇迹的面纱。"被称为奇迹的工程，就是青藏铁路。强大的国力和科技创新，让中国人在21世纪圆了梦。

2006年7月1日，青藏铁路开通，标志着西藏没有铁路历史的结束

2003 年 10 月 15 日，地处戈壁深处的酒泉卫星发射中心，中国人探索宇宙的征程将从这里出发。

北京时间 9 点整，38 岁的航天员杨利伟带着一个民族的梦想乘坐中国自行研制的"神舟五号"载人飞船起飞，浩瀚的太空迎来了第一位中国访客。中国成为世界上第三个独立掌握载人航天技术的国家，中国人在 2003 年拥有了一份新的珍贵记忆。

对于中国来说，"神五"象征着中华民族所达到的新高度，但绝不是巅峰。我们可以飞得更高，走得更远，而这将仰仗所有中国人的创造力，我们的科学水平将是推动我们民族不断腾飞的最有力的推动剂。

2006 年 1 月，胡锦涛在全国第四届科学技术大会上说：建设创新型国家是时代赋予我们的光荣使命。

中国经济增长模式开始发生重大转变。从建设资源节约型、环境友好型国家到大力建设创新型国家，每一项目标的背后都是科学发展观与和谐社会理念的具体实践。

从向科学进军，到科学技术是第一生产力，从科教兴国到建设创新型国家，中国找到了实现民族复兴的着力点，尊重科学、尊重知识、尊重人才成为全民族的共识。科技力量的培育，来自于国民素质的提高。

经过 50 多年的努力，中国各级各类教育取得了全面发展。1949 年，中国的文盲率是 80%，今天，全国义务教育覆盖率已超过 95%。2006 年 9 月，新的《中华人民共和国义务教育法》正式实施，中国农村的义务教育实现免费，为民众的"起点公平"奠定了基础。

2005 年 4 月 29 日，北京，人民大会堂北大厅，中共中央总书记胡锦涛与中国国民党主席连战的手紧紧握在了一起。这个历史性的瞬间立即被媒体传到了全世界。

这个时刻，距国共两党最高领导人上次在重庆的握手已经过去了60年。这是一个穿越了60年历史风雨的伟大时刻。在与连战的会谈中，胡锦涛说："从你们踏上大陆的那一刻

2005年4月29日，中共中央总书记胡锦涛在北京人民大会堂会见中国国民党主席连战

起，我们两党就共同迈出了历史性的一步。我们共同迈出的这一步，必将记载在两岸关系发展的史册上。"

连战说："中山先生曾一再要大家和平奋斗来救中国。相信秉持这样的精神，国共两党能够继续加强相互理解和信任，同时最重要的是给两岸带来一个亮丽、光明的希望和未来。"

这一天，胡锦涛与连战共同发布"两岸和平发展共同愿景"，向全国人民、向全世界宣布："坚持'九二共识'，反对'台独'，谋求台海和平稳定，促进两岸关系发展，维护两岸同胞利益，是两党的共同主张。"

国共两党的历史性会晤受到了台港澳舆论和国际社会的高度评价。在新世纪，中国共产党创造性地将"人民利益观"运用到了促进祖国统一的大业中。两岸统一是中华民族走向伟大复兴的历史必然。海内外中华儿女紧密团结、共同奋斗，祖国统一就一定能够实现。

2005年9月14日，联合国成立60周年首脑会议在美国纽约举行。

胡锦涛发表了题为《努力建设持久和平、共同繁荣的和谐世界》的讲话，胡锦涛说："历史昭示我们，在机遇和挑战并存的重要历史时刻，只有世界所有国家紧密团结起来，共同把握机遇、应对挑战，才能为人类社会发展创造光明的未来，才能真正建设一个持久和平、共同繁荣的和谐世界。"

把握住时代的主题，才能对纷繁复杂的现实作出准确的判断，中国提出的"和谐世界"的理念得到了越来越多的国家的认同。

2006年11月4日，与中国有外交关系的全部48个非洲国家的众多首脑和代表共聚北京，参加中非合作论坛北京峰会。这一年，正是新中国同非洲国家开启外交关系50周年，也是中国第一次同时接待这么多位国家首脑。

"和谐世界"的理念再次得到了共鸣，南非总统姆贝基在非洲人国民大会的网站上发表文章认为：中非合作论坛北京峰会将把非洲大陆带向充满希望的未来。这篇文章的题目叫做《希望诞生在北京天安门》。

合作、竞争、共赢，是中国在世界经济舞台上奏响的和谐音符。中国在一个多极的世界中提出"构建和谐世界"的理念，不仅是为了给国家发展创造良好的外部环境，而且再一次清楚地向世界表明：中国将坚定地走和平发展的道路。

2007年10月15日上午9时，中国共产党第十七次全国代表大会在人民大会堂召开。

胡锦涛的声音回荡在人民大会堂，回荡在13亿人民的心头：高举中国特色社会主义伟大旗帜，以邓小平理论和"三个代表"重要思想为指导，深入贯彻落实科学发展观，继续解放思想，坚持改革开放，推动科学发展，促进社会和谐，为夺取全面建设小康社会新胜利而奋斗。

如雷鸣般的掌声一再响起，代表着民意，传递着党心。

中国共产党和中国人民站在新的起点，以新的视角和维度筹谋国家民族发展长策，科学发展观、中国特色社会主义道路和中国特色社会主义理论被庄重地写入党章，这是马克思主义中国化最新成果，也是中国人民在中华民族复兴之路上的新探索的结晶。

在民族复兴之路的新起点上，中国共产党领导全国人民再次踏上了新的伟大征程，2020年实现全面建成小康社会目标的灿烂前景清晰可见。

2007年10月22日，在党的十七届一中全会上当选的中共中央总书记胡锦涛和中央政治局常委吴邦国、温家宝、贾庆林、李长春、习近平、李克强、贺国强、周永康在北京人民大会堂同采访十七大的中外记者亲切见面

三、沧海横流时

2008年，一个具有历史坐标意义的年份。这一年，集中体现了中华民族5000年来的苦难、坚韧、自尊与自强；这一年，集中体现了中

国改革开放 30 年来的曲折、奋斗、顽强与成就。与其说这一年是中国向世界展示自己的成就和辉煌，还不如说是历史对中华民族凝聚力和心灵的考验。

对于中国的南方来说，1 月虽然寒风料峭，但春天的脚步已缓缓走近，爆竹和春联已经就绪，准备为春节的到来喝彩。谁也没有想到，就在此时，就在南中国，一场突如其来的灾难冻住了春天的脚步。

1 月 8 日以后，中国南方大部分地区发生低温雨雪冰冻灾害，造成湖南、浙江、江苏、广东、贵州等 20 个省、市、自治区不同程度受灾。20 日，这场 50 年不遇的雪灾已波及上亿人口。

风如刀，雪如剑，砍得数千个电塔、电杆轰然倒塌，砍得千里铁路、万里公路为之中断，贵州、湖南、湖北、江西、安徽、浙江……无数小屋的灯光一盏盏熄灭，黑暗降临大地；广州、合肥、北京，无数回家的游子徘徊在车站，无数车辆被风雪阻挡在高速公路，不知哪里才是归程。

1 月 29 日，胡锦涛主持召开中共中央政治局会议，重点研究雨雪、冰冻灾情应对措施。两天后，他的身影出现在山西、河北的铁路、港口和煤矿。数天里，温家宝总理则抵达长沙、广州火车站，点燃了滞留旅客的信心与希望。

温家宝在长沙火车站探望滞留旅客

与此同时，社会各界也积极行动，展开了一场千里大救援。人们不会忘记那些身影：高速公路上无偿送粮送水的人群；抢修电网、通讯、铁路的工人；交警和子弟兵的昼夜坚守……风雪无情，人间大爱，冰雪途中的牵挂与温暖，不仅激荡在归者的心间，更汇成了一股民族万众一心、绵延不绝的强大暖流。

当人们刚刚为冰雪消融稍稍释然之时，一场更大的灾难突然降临！

2008 年 5 月 12 日 14 时 28 分 04 秒，一声来自大地深处的咆哮让全中国的心抽搐了。汶川，一个以前少为人知的名字，迅速成为全中国和全世界聚焦的中心。无数人摊开地图，寻找这个地方。

15 时 55 分，地震发生后 1 小时 27 分，胡锦涛作出重要指示：要尽快抢救伤员，保证灾区人民生命安全。

16 时 40 分许，温家宝总理的专机已经从北京起飞。在专机上，温总理一脸凝重，他在布置完工作后，用三个特别作为对自己和全国军民的告诫——这次抗震救灾工作特别紧迫，责任特别重大，任务特别艰巨。

当晚，中南海的灯火彻夜通明。中共中央政治局常务委员会召开紧急会议，中共中央总书记胡锦涛主持会议，全面部署抗震救灾工作。会议的核心是两句话：灾情就是命令，时间就是生命。

在中央的直接领导下，救灾部队增加到 10 万人！各大军区、武警部队、消防部队和来自全国的公安干警、医疗队迅速行动，以陆路、水路、空运、徒步等各种方式第一时间向灾区进发。

食品、药物、水、帐篷、救灾器材从中国各地源源不断向灾区集中，每一个省、市、自治区拿出物资，派出救援人员，提供资金……

难以计数的重型卡车在各地的高速公路上呼啸而过，当人们看到车体上面"一方有难、八方支援"、"向灾区人民致敬"的横幅，都会让在一边让车队先行……

中华民族 5000 年的文明和苦难凝结出的向心力和中国改革开放 30 年培养出来的综合实力，在这个灾难性的日子里得到了充分的展示。如果说物质力量是抗震救灾的基础，那么精神力量就是抗震救灾能否胜利的灵魂。

汶川地震中被救出的儿童在向解放军叔叔敬礼

美国有线电视新闻网称：四川大地震——中国史上最大灾难之一——将中国这个拥有 10 多亿人口、横跨 5 个时区的大国凝聚了起来，团结爱国浪潮正涌动全中国。

10 月 8 日上午，胡锦涛在全国抗震救灾总结表彰大会上说："一个善于从自然灾害中总结和汲取经验教训的民族，必定是日益坚强和不可战胜的。"

有一位西方哲人说过：深刻的、说不出的痛苦可以称作一种洗礼、一种新生和进入一个新阶段的开始。

2008 年 8 月 8 日晚，当 29 个由焰火组成的巨大脚印御空而行，沿着北京的中轴线，从永定门、前门、天安门、故宫、鼓楼一步步走向奥运会主会场"鸟巢"时，许多人难以抑制激动与兴奋的泪水。

从 8 月 7 日起，全球 80 多个国家的领袖们相继进入北京。人们甚至将这次奥运会比喻成"首脑峰会"。这当然不是"首脑峰会"，商界"大鳄"也纷纷出现在北京，微软总裁比尔·盖茨、传媒大亨默多克、沃尔玛总裁斯科特、美国通用电气总裁杰弗里……名单也很长。

2008 年 8 月 8 日 8 时，"起来，起来，起来，我们万众一心……"伴随着庄严的国歌声，全场观众起立，《义勇军进行曲》响彻云霄，五星红旗在开幕式现场冉冉升起。

北京奥运会主场馆——鸟巢

对于全世界来说，这都是中国时刻。所有人都被气势恢宏的表演震惊了，更被中华文化的博大精深震撼了。当无数的印刷活字，变换出三个不同字体的"和"字时，开幕式推向了高潮：和谐，和睦，和平，中华民族以如此独特的方式向世界传达出"以和为贵"的理念。

中国以 50 枚金牌站在了奥运会的顶峰，但更重要的是中国人民张开双臂拥抱世界，世界带着笑容离开中国。

2009 年 10 月 1 日，北京长安街再次吸引了全世界的目光。这一天，中国人以盛大的庆典和阅兵式庆祝祖国 60 岁华诞。60 年一个甲子，天安门城楼见证了中国一步步走向繁荣富强的历程，这个东方古国发生的变化也始终吸引着世界的目光。

一年后的 2010 年 5 月 1 日，246 个国家和国际组织相聚上海，在

184 天的时间里，7300 万观众共同感受了人类文明的灿烂成果。

以"城市，让生活更美好"为主题的上海世博会，以多项"历届之最"让观众眼花缭乱。在所有的展馆中，中国馆当之无愧地成为最受欢迎的展馆，它完美地展现了华夏五千年文明的精神与气质，成为中国这

世博会灯火辉煌的中国馆

个文明古国在 2010 年世博会上的"国家名片"。

世界博览会是人类文明的陈列场，是充分展示各种新思想、新科技、新理念的盛会，也是多元文化跨国界交流的平台。中国人兑现了"办一届成功、精彩、难忘的世博会"的庄严承诺，也成为中国这个古老的东方国度以现代、开放的胸怀面向世界的真实写照。

就在上海世博会举办期间的 8 月 16 日，国际媒体将"中国超过日本成为世界第二大经济体"作为头条新闻传遍全世界。全球经济体系第一次出现了一个真正意义上的非西方国家，中国悄然改变了世界经济版图。

90 年来，从嘉兴南湖游船上走来的中国共产党从小到大，从弱到强，从幼稚到成熟，不断发展壮大，成为执政 60 多年、拥有 7800 余万名党员的世界第一大党。

90 年前，军阀混战，列强肆虐，古老的中国身处苦难的深渊。90 年后，民族复兴，拥抱世界，13 亿中国人簇拥在镰刀锤头图案的光辉旗帜下，踏上民富国强之路。

四、盛世书新篇

2012 年 6 月 24 日 17 时 41 分，飞天传奇在太空续写辉煌，深海探索在海底勇创佳绩。这一天，翱翔天宇的"天宫"和潜入 7000 米深海的"蛟龙"，穿越漫漫海天的距离互致问候。

"神舟九号"航天员成功驾驶飞船与"天宫一号"目标飞行器对接，这标志着中国成为世界上第三个完整掌握空间交会对接技术的国家。中国"蛟龙号"载人潜水器在 3 名潜航员的驾驶下，顺利达到西太平洋的马里亚纳海沟 7020 米深的海底。这也是迄今为止人类向海洋进发所到达的最深处，中国人的名字刻在了世界载人深潜的榜首。

"九天揽月"、"五洋捉鳖"，这不仅仅是毛泽东在诗词中描述的中华民族的豪迈情怀，更是中华民族伟大复兴中奋斗不息的宏伟目标。"神九"和"天宫"首次手动交会对接和"蛟龙"冲刺 7000 米同日取得成功，是让中国人感到自豪和骄傲的两件大喜事，也是我国科技事业发展历程中具有标志性意义的大事件。

3 个月后，在新中国成立 63 周年之际，我国第一艘航空母舰"辽宁舰"在大连正式交付海军。对中国人民而言，航母承载了太多期待，凝聚了一代代中华儿女对国家强盛、民族振兴的责任感、使命感和荣誉感。"辽宁舰"入役，标志着我国的国防和军队现代化

胡锦涛出席"辽宁舰"交接入列仪式并登舰视察

建设进入了一个新的阶段。

北京时间 2012 年 10 月 11 日 19 时，从瑞典传来的一则消息，不仅震动了中国文学界，也让天下华人为之沸腾。

这一天，中国作家莫言获得 2012 年诺贝尔文学奖。由此成为诺贝尔文学奖 100 多年历史上，首位获奖的中国作家。

新加坡《联合早报》这样评价："在经济增长的故事以外，中国还有一个也许较不抢眼、较不具新闻轰动效应的故事——一个文明重建的故事。"

2009 年 9 月，国务院发布《文化产业振兴规划》，首次将发展文化产业上升到国家战略。2011 年 10 月，十七届六中全会首次提出建设社会主义文化强国的战略目标，世界清晰地听到了中国寻求强国、富国、大国和谐之路的文化宣言。

这一切，意味着中国综合国力迈上了新高度、新起点。

2012 年 11 月 8 日至 14 日，举世瞩目的中国共产党第十八次全国代表大会在北京召开。这是在中国进入全面建成小康社会决定性阶段召开的一次十分重要的大会，承载着亿万人民的期待、肩负着时代赋予的使命。

国际媒体纷纷聚焦中共十八大，世界仔细聆听着中国的声音。在大变革大调整的时代，国际社会期盼：中国将成为世界经济新的希望与信心，为全球发展提供新的思路与动力。

2012 年 11 月 15 日 11 时 53 分，在全世界的共同瞩目下，新一届政治局常委与中外媒体记者见面。

在发表演讲前，新当选的中共中央总书记习近平，以带着歉意的一句"让大家久等了"开场，不经意间给严肃的会场平添了平易亲和

2012年11月8日，党的十八大在北京隆重开幕

的氛围。备受媒体关注的则是，在他首次亮相的简短讲话中19次提到"人民"两字，"我们的人民是伟大的人民"、"打铁还需自身硬"、"责任重于泰山"等话语，朴实无华却铿锵有力："我们的人民热爱生活，期盼有更好的教育、更稳定的工作、更满意的收入、更可靠的社会保障、更高水平的医疗卫生服务、更舒适的居住条件、更优美的环境，期盼着孩子们能成长得更好、工作得更好、生活得更好。人民对美好生活的向往，就是我们的奋斗目标。"

使人民生活得更好，这是中国共产党的执政追求，也是13亿中国人民的殷切期望，而中国共产党就承载着伟大祖国的复兴之梦。

11月29日，中共中央总书记、中央军委主席习近平和中央政治局常委李克强、张德江、俞正声、刘云山、王岐山、张高丽等来到国家博物馆，参观《复兴之路》展览。面对一幅幅历史图片、一件件历史实物、一段段记录视频，习近平这样描述他心中的"中国梦"：

2012年11月29日，中共中央总书记、中央军委主席习近平和中央政治局常委李克强、张德江、俞正声、刘云山、王岐山、张高丽等来到国家博物馆，参观《复兴之路》展览

"何为中国梦？我以为实现中华民族的伟大复兴就是中华民族近代最伟大的中国梦，因为这个梦想，它体现了中华民族和中国人民的整体利益，它是每一个中华儿女的一种共同的期盼。"

那么，怎样才能将梦想变为现实呢？习近平只用了简短的八个字："空谈误国，实干兴邦！"

饱经沧桑的中华民族，之所以能面对苦难、走向辉煌，靠的不是无所作为的空想清谈，而是扎扎实实的实干苦干。实干精神是我们民族的优良传统，注重落实是共产党人的政治本色。当中国全面建成小康社会进入"倒计时"，全国人民充满了对美好生活的向往，如果没有真抓实干的奋斗，没有扎扎实实的工作，中国共产党人将愧对人民的期待和历史的责任。

"道虽迩，不行不至；事虽小，不为不成。"在这条漫长的道路上，只要拿出实干精神，中国梦就一定会变成中国的现实。为了践行，为了示范，新一代党的中央领导集体从自身最基本的行为方式开始，扎扎实实转变风气，不断重申着他们的实干理念。

2012年12月4日，习近平总书记主持召开中共中央政治局会议，审议通过了中央政治局关于改进工作作风、密切联系群众的八项规定（又称为"新八项注意"）。

2012年12月7日，深圳街头出现了这样的场景——习近平总书记的车与老百姓的车一同前行。抵达深圳当天，在习总书记行进的路途中，深圳市不封路，没有铺红地毯，没有看到任何欢迎横幅，也没有列队迎接的场面，一路上总书记的车队亲民而不扰民。对

习近平在深圳视察期间，亲切地与周围群众打招呼

"新八项注意"的践行，从自己做起，总书记做到了！

12月8日上午9时多，习近平来到莲花山山顶的邓小平铜像前敬献花篮，并一路和晨练、游玩的市民"零距离"接触，拉起了家常。这一刻，他就是人民中的一员。人们看到了不一样的希望，也感受到了拂面而来的清风。

习近平总书记沿着当年邓小平"南方谈话"的路线重走了一遍，这是他履新以来的第一次地方考察。然而，这并不是简单的考察工作，此行更重要的目的是向人民显示中央政府要将改革开放进行到底的决心和力量。

"中国梦"，这是今天的中国人对科学发展的热切期盼。民族复兴

的伟业、改革开放的大业、国家发展的愿景，就是让中国人站起来和富起来，就是让每一个国民，特别是每一个年轻人有条件做梦，就是要让国家兑现关于"中国梦"的承诺！

时间是一条驶向未来的船。接过历史接力棒的新一届中央领导集体，正带领 13 亿华夏儿女扬帆远航，驶向新的地平线，朝着实现中华民族伟大复兴的目标奋勇前行！

结　语

1840 年，一记沉重的历史警钟打破了天朝迷梦，一次失败的战争和一纸屈辱的条约，残忍地宣告了香港和她的祖国分离，为中华民族留下了永远的伤痕，也留下了两大历史性课题：争取民族独立、人民解放和实现国家富强、人民富裕。

从此，一个古老民族寻道图强的序幕徐徐拉开，太多的屈辱、伤痛和探索、奋斗共同铺成了中华民族的复兴之路。

170 多年来，危难艰险之中救国的奉献和牺牲，一穷二白之上建国的探索和激情，遭遇困境后逆转图强的勇气和智慧，中国从备受欺凌走向独立自主，从积贫积弱走向繁荣富强，从封闭走向开放，从迷茫走向自信。民族复兴的伟大目标激励着中国人在岁月深处写下光荣。

中华民族倾尽心力，历经百年的艰难曲折、上下求索，才找到了一条走出迷雾的道路，历史性地完成了第一个历史课题，但是在复兴之路上这意味着仅仅走完了第一个阶段，也意味着中国人终于能够以站起来的姿态迈上实现第二个历史课题的征途，建设富强民主文明和谐的社会主义现代化国家成为复兴之路上新的奋斗目标。

再上征程，依然艰辛。中国特色社会主义实践和改革开放探索，不过弹指一挥间，但无数的梦想和奇迹在中国人民手中一一实现。

当我们徜徉于西风古道、落日残阳之间，当我们用心抚过古老中华肌体上的斑斑血迹，我们的内心遭遇到无法抑制的战栗与感动。百战英雄血，息息沃中华。正是无数中国人民的精英在一次次"我以我血荐轩辕"的抗争和奋斗中，才有了我们今天的盛世阳光。

历史已经将这一切积淀成中华民族的精神财富。正是在一次次的选择中，中国的道路日渐清晰：经济建设、政治建设、文化建设、社会建设、生态文明建设，构成了中国特色社会主义事业的总体布局：经济建设是根本，政治建设是保证，文化建设是灵魂，社会建设是条件，生态文明建设是基础。

　　一个民族要实现自己的伟大复兴，必须找到一条正确的发展道路。中国特色社会主义道路，就是中国人民历经 170 多年的艰辛探索而开辟的民族复兴之路。

　　回首过去，历史发生了沧桑巨变，走出了一条清晰的轨迹。在中华民族实现伟大复兴的征程中，历史和人民选择了马克思主义、选择了中国共产党、选择了社会主义道路。

　　在当代中国，只有中国特色社会主义伟大旗帜才能够最大限度地团结和凝聚不同社会阶层、不同利益群体的智慧和力量；只有中国特色社会主义理论体系才能够引领中国发展进步；只有中国特色社会主义道路才能够指引中华民族实现伟大复兴，成为各族人民为之奋斗的

共同理想。

风雨楼头，已不需壮士将栏杆拍遍而无人会登临意，自有无数英才在搏击潮流；

中华大地，历史的沉吟与当代的诗情铸出崭新格局，响彻沉雄壮阔的时代高歌。

在埃及卢克莱神庙的法老像上有两句铭言：我看到昨天，我知道明天。

历史与未来总是如此紧密地结合在一起。历史中包含着一个民族的精神，未来中寄托着一个民族的梦想。

梦之所以成为梦，是因为我们胸口涌动着理想之光；梦之所以称为梦，是因为理想还没有完全实现；梦之所以作为梦，是因为我们已经怀抱着理想醒来，站在新的起跑线上。

历史的沧桑绝不仅是一种若有若无的感觉，而是雕刻在我们民族心头的一道道伤口，正是这些伤口中奔涌的滚烫鲜血洇湿了昏黄的史书，点亮了我们未来的行程。

回首来时路，崎岖又坎坷。站在新的历史起点上，回望一个多世纪的执著探索，脚下回荡的历史足音，警醒着未来的行程。

未来的路还很长，胸怀未来的中国人深知：这是新的长征。

今天，在中国共产党的坚强领导下，亿万人民朝着一个富强、民主、文明、和谐的现代化国家迈进。

要奋斗就会有困难有风险。我们一定要居安思危、增强忧患意识，始终保持对马克思主义、对中国特色社会主义、对实现中华民族伟大复兴的坚定信念，戒骄戒躁、艰苦奋斗，坚定不移地沿着中国特色社会主义道路前行。中华民族的伟大复兴必将实现！

辉煌属于中国特色社会主义，光荣属于中华民族。